河口区农业志

（2009—2018年）

张成儒　主编

中国农业科学技术出版社

图书在版编目（CIP）数据

河口区农业志：2009—2018 年 / 张成儒主编 . —
北京：中国农业科学技术出版社，2020.5
ISBN 978-7-5116-4697-2

Ⅰ . ①河… Ⅱ . ①张… Ⅲ . ①区（城市）– 农业史 – 东
营 – 2009-2018 Ⅳ . ① F329.523

中国版本图书馆 CIP 数据核字 (2020) 第 062795 号

责任编辑 李冠桥
责任校对 李向荣

出 版 者 中国农业科学技术出版社
北京市中关村南大街 12 号 邮编：100081
电 话 （010）82109705（编辑室）（010）82109702（发行部）
（010）82109709（读者服务部）
传 真 （010）82106625
网 址 http://www.castp.cn
经 销 者 各地新华书店
印 刷 者 北京建宏印刷有限公司
开 本 880mm×1230mm 1/16
印 张 9
字 数 200 千字
版 次 2020 年 5 月第 1 版 2020 年 5 月第 1 次印刷
定 价 48.00 元

前 言

2009—2018 年是山东省东营市河口区现代农业跨越式发展的 10 年。这 10 年，河口区倾力发展有机绿色农产品加工业，建设绿色基地，由粗加工向精加工转变。在产业结构上，以市场为导向，把握消费发展趋势，进一步调整优化产业结构。着重发展需求收入弹性高、高附加值的农产品加工业。在产业组织方面，扶持大型农产品加工企业发展，鼓励兼并联合等产权重组，形成大中小企业并举，农民专业经济合作组织强强联合，通力协作的产业组织结构。发展精准农业、有机农业、观光农业、品牌农业，推广数字信息农业，培育新型农民，全力打造黄河三角洲新型农业。

河口区土地广阔，农业经济是社会基础。据统计，2017 年农用地 152.83 万亩[①]，农用地中耕地 63.3 万亩，园地 1.24 万亩，林地 4.69 万亩，牧草地 1.10 万亩，其他农用地 82.5 万亩。水库水面 7.3 万亩，草地 6.69 万亩，河流水面 6.69 万亩，浅海海域面积 300 万亩，潮间带滩涂面积 45 万亩，沿海滩涂荒碱地面积 85 万亩。这些农业土地资源，为河口区奠定了坚实的农业经济和社会发展的强大基础。

农业开发做强产业化基础 2009—2012 年，河口区完成中低产田改造后，即刻转入以中低产田改造改善生产条件为重点的高标准农田建设。至 2012 年，先后完成新户乡、义和镇万亩中低产田改造总面积 3.0 万亩。2013—2014 年，开始实施高标准农田建设。完成六合街道、义和镇总面积 2.2 万亩。2015 年实施孤岛镇 0.9 万亩。2016 年完成义和镇 0.8 万亩、孤岛镇 0.3 万亩、河口街道 0.5 万亩，总面积 1.6 万亩。2017 年，实施新户镇 1.1 万亩高标准农田建。2018 年，河口区实施两个高标准农田建设片区，一个是位于孤岛镇八分场东侧，东起黄河故道，西至七八干排，北起八分场进村路，南至项目区界沟；另一个是位于孤岛镇十三分场，东起神仙沟，西至红旗沟，北起孤岛一库，南至省道 S312，总面积 1.01 万亩。2019 年，河口区高标准农田建设三个项目，第一个是义和镇、新户镇 2.05 万亩高标准农田建设项目，共分为 2 个片区，义和片区总面积 1.42 万亩，位于义和镇境内，北起 312 省道，南至三合路，西起一分干，东至沾利河；新户片区总面积 0.63 万亩，位于新户镇境内，北起生态河，南至公司村，西起新立村，东至沾利河。第二个是六合街道 1.55 万亩。第三个是新户镇 0.4 万亩高标准农田建设。总投资 5417.28 万元。

水利建设为现代化农业提供保障 2004 年，在河口区委、区政府的领导下，将黄河最下游的用水体系科学全面规划，将东部水源体系运用现代化的工程手段调入西部，逐步走向东西部水资源平衡，可持

① 1亩约为667平方米，15亩=1公顷，全书同。

续发展之路。这一工程的实施，扩大灌溉面积 12 万亩，改善灌溉面积 8 万亩，每年向济军生产基地供水 2000 万立方米，向油田供水 5000 万立方米（其中工业用水 2000 万立方米），向河口、垦利、利津农业供水 5000 万立方米，年供总供水量 1.2 亿立方米。2010 年开始，河口区组织灌排工程清淤治理。2011 年，实施农村危桥改造、田间节水改造、西外环绿化等工程，总投资 630 万元，共动用土方 97.8 万立方米，衬砌改造各类渠道 42.8 千米。2013—2014 年，河口区冬春农水会战完成农田水利基本建设项目 16 项，包括上级投资农水会战项目 7 项和镇、街自行实施的农水项目 9 项，总投资 14848.4 万元。

2016 年，实施新户镇、义和镇薄家片两个片区高效节水灌溉工程，控制面积 2.36 万亩，新建泵站 5 座，建桥 2 座，铺设低压柜烟道 140.39 千米，现浇“U”形渠道 7.78 千米，疏挖沟渠 127.11 千米，完成投资 2817.2 万元。

2017 年，投资 4354 万元实施农田会战项目、拦河闸风险加固工程、涝洼片治理工程、孤河水库封闭管理工程、挑河老庙桥工程等农田水利工程。改善灌溉面积 13.33 万亩，新增节水灌溉面积 1.52 万亩，恢复灌溉面积 4.13 万亩，改善除涝面积 11.1 万亩，增加农村坑塘蓄水能力 92 万立方米。

“三网”绿化优化农业大环境 2009 年开始，河口区大力实施“三网”绿化工程，进一步扩大植树规模，注重生态效益，实施路域绿化断档贯通工程、示范区扩建提升工程、示范水系绿化工程、示范基干林带和柽柳林建设、区乡村工程等建设。

2013 年，完成滨孤路（一分干至义太支渠段）2.8 千米、义新路（新四路至邵太路段）3.5 千米标准提升土方工程全部贯通；滨孤路义和镇和河口街道微地形绿化种植全部完工。高标准建设滨孤路—富民路、滨孤路—北一路和义新路—新四路等节点景观工程 12 处，成为河口区生态绿化典型示范工程。完成生态河、挑河、河王渠等水系绿化 12.87 千米，植树 5.48 万株。2014 年，“三网”绿化任务全面完成。

10 年间，河口区农业发展的巨大成就，离不开改革开放。正是通过深化改革才取得了 10 年的跨越式发展。在 10 年的改革与发展中，农业基础设施建设得到了进一步强化，产业化水平得到提高。产业基地建设、现代化农业园区建设、新农村建设均取得巨大成就。

10 年间，区农业局以打造“特别能吃苦、特别能战斗、特别能奉献”的高素质水利干部队伍为目标，深入开展机关效能提升、“治庸治懒治散”专项整治行动。广大干部职工做到在适应推进黄蓝两大战略上有新思路，在应对新情况上有新办法，在解决新问题上有新举措，传承和发扬胸怀全局的使命意识、忠于职守的螺丝钉形象、吃苦耐劳的老黄牛作风、无私忘我的奉献精神，进一步树立了全体干部队伍的良好社会形象。

相信，在中共河口区委、河口区人民政府的领导下，高举中国特色社会主义道路伟大旗帜，深入贯彻习近平总书记一系列重要讲话精神，以更加宽阔的视野谋求发展，以更昂扬的斗志迎接挑战，以更加务实的作风破浪前进，以勇于担当的精神，铸就河口区现代农业新辉煌，推进黄河三角洲经济社会事业的跨越发展。

编　者

2019 年 2 月

目　录

第一篇　农业自然环境

第二篇　农业资源

第三篇 农村经济运行体制

第四篇 农业生产基础条件

第五篇　种植业

第六篇　环保农业

第七篇　农业　农村　农民

第一篇

农业自然环境

NONG YE ZI RAN HUAN JING

位于黄河三角洲渤海前沿的山东省东营市河口区为典型的三角洲地域。进入21世纪，河口区加强农业基础设施建设，在水资源得到科学利用后，农业生产的自然环境得到根本的改善和提高，为现代农业发展注入后劲。

第一章　地形地质地貌

第一节　地 形

河口区所在的黄河三角洲属典型的黄河冲积平原。河口区属鲁北平原，为黄河淤积填海形成的陆地。由于黄河尾闾摆动的原因，古河滩高低起伏，地势变化较大，总的趋势是西南向高，北、东部至海平面，海拔最高为 6 米，最低为 0 米（黄海高程）。地势南高北低，地面坡降平缓，比降为万分之一。地表浅层的土壤母质主要是黄河冲积物。由黄河淤积形成的主要地貌类型有：缓岗、河滩高地、浅平洼地、微斜平地和海滩地。

第二节　地 质

构造单元在地质构造上，河口区位于华北坳陷区济阳坳陷东北部，有 2 个凹陷和 3 个凸起 5 个构造单元。2 个凹陷分别为东部的沾化凹陷和西部的车镇凹陷；3 个凸起分别为位于沾化、车镇凹陷以北的埕子口凸起，位于沾化、车镇凹陷之间的义和庄凸起和位于沾化凹陷东部的孤岛凸起。

境域地质分五个构造层：底构造层、下构造层、中构造层、上构造层、顶构造层。底构造层只有太古界泰山群，是本区最下部的构造层。下构造层包括两个亚构造层，第一亚构造层含古生界，第二亚构造层含中生界侏罗系的下、中侏罗系。中构造层包括侏罗系的上侏罗统的白垩系。上构造层（亦称下第三系构造层）可分为两个亚构造层，第一亚构造层即始、渐新统亚构造层）包括沙河街组的沙二段、沙一段和东营组。顶层构造（亦称第三系构造层）包括馆陶组和明化镇组。

第三节　地 貌

河口区境域属典型的黄河三角洲地貌，地势南高北低，西高东低，由内地向沿海平缓降低，自然比降 1/10000，海拔一般在 3~4 米，最高为 7.6 米（义和庄南部黄河故道处）。地表浅层的土壤母质主要是黄河冲积物，由于历史上黄河在境内不断改道、淤积及河水的反复冲刷，又有淤积套叠，故形成多种地貌类型。境内主要地貌类型有缓岗和河滩高地、浅平洼地、微斜平地、海滩地 4 种。

缓岗和河滩高地　因黄河改道，由泥沙淤积而成。主要分布在黄河故道上；分别为韩家垣至四段下毛丝坨，小口子至神仙沟。利津李家旦子至老神仙沟、甜水沟、宋春荣沟，利津铁门关至肖神庙、牡蛎咀，罗家屋子至刁口与洼拉沟之间，八里庄至刁口河东，盐窝至老鸦咀和韩家屋子以北。土壤多为沙土、沙壤土，地下水一般在 2 米以下，矿化度在 1~2 克 / 升，地下拥有一定的淡水资源。面积约

26000 公顷，占总面积的 11%。

浅平洼地　多在缓岗区之间，黄河故道两侧，由黄泛区静水沉降形成，分布凌乱，呈封闭状，易内涝，不易灌溉，洼地内部相对高度小于 1 米，表层土质黏重，不易返碱。主要分布于济军基地、孤岛镇、仙河镇等东部沿海地区，西部极少。面积约 5.7 万公顷，约占总面积的 24%。

微斜平地　多在黄河故道之中，由黄河水漫流沉积形成，分布全境，坡降在 1/3000~ 1/5000，土质为轻壤，矿化度相对较低，地下水位在 2~ 3 米，易盐渍化。面积约 110533 公顷，约占总面积的 47%。

海滩地　分布于境域沿海滩涂，主要集中于北部沿海，纵深 8~12 千米。土质为海浸盐积母质，矿化度 60 克 / 升以上，海拔高度 1~1.5 米，比降 1/16000，是海水养殖，盐业开发的理想场所。面积约 43000 公顷，约占土地总面积的 18%。由于东部和北部沿海修筑海堤，将滩涂分为内外两部分，东部沿海只残留小部分滩涂面积。

第二章　自然环境

第一节　气象

河口区位于暖温带季风气候区，境域北、东临渤海。但由于黄河泥沙淤积，近海浅水域宽阔，热量吸收能力小，又因境域地势平坦，大陆性季风影响甚于海洋，故属暖温带季风型大陆性气候。基本气候特征是冬寒夏热，四季分明。境域内年降水不均，年平均降水量为 547.8 毫米，最大年份为 1120 毫米，最少年份只有 244.5 毫米。同时，年内降水季节分布明显。春季降水量平均 69.4 毫米，占年平均的 12.33%；降水尤其集中在夏季的 7—8 月，汛期平均降水量 415.7 毫米，占年平均的 73.84%，往往造成内涝；秋季降水少，年平均降水量为 110.4 毫米，占年平均的 19.01%，且多集中在早秋，所以晚秋往往出现旱情；对于冬季，平均降水量为 16.5 毫米，占年平均的 2.93%，降水偏少。河口区多年平均蒸发量为 1280 毫米，最大年蒸发量为 1525 毫米，最小蒸发量为 998 毫米。河口区处在我国东部沿海季风盛行区内，东北有松辽平原槽形地开口向西南，冬春季内蒙古高压冷空气直冲河口境内，春夏间冷暖气流经槽形地相互交替，形成境内春秋风多而强大，历年平均风速为 4.2 米 / 秒，全年风向为北东或北西向。多年平均气温 12.5℃，极端最高温度 41.6℃，极端最低温度 -21.3℃。初霜期历年平均出现日期为 11 月 3 日，终霜期历年平均出现日期为 3 月 26 日，无霜期历年平均 211 天，最长年份 228 天，最短年份 168 天。

第二节　气候

河口地处中纬度，属于暖温带，背陆面海，受欧亚大陆和太平洋的共同影响，大陆性季风影响甚于海洋，为暖温带季风型大陆性气候。冬寒夏热，四季分明，光照充足，雨热同季，境内气候差异不明显，属于暖温带落叶阔叶林区。

气候概况

2013年（1—12月）河口区主要气候特点是：年平均气温为13.3℃，与历年平均值持平；年极端最高气温为37.6℃，出现在7月3日，比历年极端最高偏低2.5℃；年极端最低气温为–13.4℃，出现在1月4日，比历年极端最低高2.3℃。全年总降水量773.5毫米，比历年平均降水量偏多221.8毫米，比历年最多降水量少26.4毫米，比历年最少降水量多522.6毫米。全年大雨（日降水量≥25毫米）日数7天，日最大降水量为139.1毫米（7月27日）。全年日照总时数2608.4小时，比历年平均日照时数偏少95.8小时。

是年，大部时段气象条件基本正常，个别时段出现的涝灾、冰雹、高温、大风、大雾等灾害性天气，给人民群众的生产生活带来不同程度的影响和损失。特别是7月的连阴雨强降水天气造成严重灾害。

2016年（1—12月）河口区主要气候特点是：年平均气温为14.2℃，较历年平均值偏高0.9℃；年极端最高气温为36.7℃，出现在7月25日和30日，较历年极端最高值偏低3.4℃；年极端最低气温为–16.9℃，出现在1月23日，突破历史极值。（表1–1）全年总降水量为656.4毫米，较历年平均降水量偏多104.7毫米，较历年最多降水量少143.5毫米，较历年最少降水量多405.5毫米。全年大雨（日降水量≥25毫米）日数8天，日最大降水量为62.4毫米（8月25日）。全年日照总时数2507.4小时，较历年平均日照时数偏少194.6小时。

2016年，大部时段气象条件基本正常，6月中旬的强降水及8月的暴雨造成部分乡镇内涝，给人民群众的生产生活带来不同程度的影响和损失。综合评价2016年度河口区气候条件对各行业的影响，属于一般年景。

2017年，河口区主要气候特点是：年平均气温为14.6℃，与历年平均值偏高1.3℃，超历史极值；年极端最高气温为38.2℃，出现在7月12日；年极端最低气温为–8.0℃，出现在1月23日（表1–2）。全年总降水量431.2毫米，比历年平均降水量偏少120.5毫米，比历年最多降水量少26.4毫米。全年大雨（日降水量≥25毫米）日数2天，日最大降水量为59.2毫米（6月23日）。全年日照总时数2330.5小时，比历年平均日照时数偏少371.5小时。

是年，大部时段气象条件基本正常，个别时段出现高温、大风、暴雨等灾害性天气，给人民群众的生产生活带来不同程度的影响和损失。属于一般年景。

表1–1　河口区2016年四季与全年平均气温统计表

	冬季	春季	夏季	秋季	全年（1—12月）
气温（℃）	-1.3	15.3	26.6	15.3	14.2
距平（℃）	-0.6	+1.8	+0.7	+0.9	+0.9

表 1-2　2017 年河口区四季与全年平均气温统计表

	冬季	春季	夏季	秋季	全年（1—12 月）
气温（℃）	1.2	15.5	26.6	15.3	14.6
距平（℃）	+1.9	+2.0	+0.7	+0.9	+1.3

气候特点

气温　2013 年平均气温为 13.3℃，与历年平均值持平。年极端最低气温为 –13.4℃，出现在 1 月 4 日；年极端最高气温为 37.6℃，出现在 7 月 3 日。终霜日出现在 4 月 10 日；初霜日出现在 10 月 16 日；无霜期 188 天，较常年偏少 46 天。冬季总体偏冷、降雪多；春季总体偏冷，前冷后暖，气温起伏明显且冷暖交替频繁；夏季气温正常，高温天气（超过 35℃）日数较往年偏少；秋季温度较常年偏高。

2016 年平均气温为 14.2℃，较历年平均值偏高 0.9℃。年极端最低气温为 –16.9℃，出现在 1 月 23 日；年极端最高气温为 36.7℃，出现在 7 月 25 日和 30 日。终霜日出现在 3 月 26 日；初霜日出现在 11 月 1 日；无霜期 219 天，较历年偏少 15 天；全年气温除 1 月份偏低外，其他月份总体偏高。

2017 年平均气温为 14.6℃，较历年平均值偏高 1.3℃。年极端最低气温为 –8.0℃，出现在 1 月 23 日；年极端最高气温为 38.2℃，出现在 7 月 12 日。终霜日出现在 3 月 15 日；初霜日出现在 11 月 4 日；无霜期 233 天，较历年偏少 1 天；全年气温总体偏高。

降水　2013 年总降水量 773.5 毫米，较常年偏多 221.8 毫米。全年大雨（日降水量≥ 25.0 毫米）日数 7 天；全年暴雨（日降水量≥ 50.0 毫米）日数 3 天，分别出现在 7 月 10 日、7 月 27 日、8 月 13 日；一日最大降水量 139.1 毫米（7 月 27 日），超过了历年气候极值。冬季降水量偏多，大部时段有降水，降水日数较多；春季降水量正常略多，期间除 3 月上旬无降水外，其他各旬均有降水出现；夏季降水偏多，受降水分布不均影响造成旱涝不均，其中 6 月和 8 月降水偏少，7 月降水明显偏多，各地均出现雨涝灾害；秋季大部时段降水持续偏少，仅在 11 月下旬出现较大范围中雨天气过程；12 月雨雪天气稀少，降水量较常年偏少。

2016 年总降水量为 656.4 毫米，较历年平均降水量偏多 104.7 毫米。全年大雨（日降水量≥ 25.0 毫米）日数 8 天；全年暴雨（日降水量≥ 50.0 毫米）日数 3 天；一日最大降水量为 62.4 毫米（8 月 25 日）。冬季（2015 年 12 月至 2016 年 2 月）降水量偏多 6.5 毫米，但期间除 1 月下旬、2 月中旬降水量偏多，其他各旬均较历年值偏少。春季降水量较历年值偏少 21.2 毫米，除 3 月上旬、4 月中旬和 5 月上旬降水量偏多外，其他各旬降水量均偏少。夏季降水量总体偏多 148.6 毫米，7 月降水量偏少，6 月和 8 月降水量偏多。秋季降水量较历年值偏少 35.7 毫米，期间除 9 月中旬、10 月下旬和 11 月下旬偏多外，其他各旬均较历年偏少。

2017 年总降水量为 431.2 毫米，较常年偏少 120.5~221.8 毫米。全年大雨（日降水量≥ 25.0 毫米）日数 2 天；全年暴雨（日降水量≥ 50.0 毫米）日数 1 天；一日最大降水量为 59.2 毫米（6 月 23 日）。冬季（2016 年 12 月至 2017 年 2 月）降水量偏多 1.1 毫米，期间除 12 月下旬、1 月上旬、2 月下旬降水量偏多外，其他各旬均较历年值偏少。春季降水量较历年值偏少 20.6 毫米，除 3 月下旬和 4 月上旬降水量偏多外，其他各旬降水量偏少。夏季降水量总体偏少 53.7 毫米，7 月、8 月降水量偏少，6 月份降水量偏多。秋季降水量较历年平均值偏少 40.9 毫米， 除 10 月上旬偏多外，其他各旬均较历年偏少。

日照　2013 年日照时数为 2608.4 小时，较常年偏少 95.8 小时，其中年日照量别≥ 60% 的日数达 234 天，年日照量别≤ 20% 的日数达 64 天。冬季（2012 年 12 月至 2013 年 2 月）日照时数 457.9 小时，较常年偏少 117.6 小时，大部时段日照时数较常年偏少；春季日照时数为 780.7 小时，较常年偏多 3.6 小时，期间 3 月上下旬和 4 月中下旬光照条件充足，3 月中旬、4 月上旬和 5 月各旬光照条件均显不足，特别是 5 月下旬受阴雨日数较多影响，日照时数较常年偏少近四成；夏季日照时数为 675.7 小时，较常年偏少 43.1 小时，期间除 6 月上旬、8 月中下旬日照时数略偏多外，其余各旬日照时数均较常年偏少，其中 7 月中下旬受持续阴雨天气影响，光照条件明显不足；秋季日照时数为 641.2 小时，较常年偏多 10.6 小时，其中 9 月各旬和 10 月下旬至 11 月上旬日照时数以偏少为主，10 月上中旬和 11 月中下旬大部时段光照条件充足；12 月日照时数 212.0 小时，较常年偏多 19%。

2016 年日照时数为 2507.4 小时，较历年偏少 194.6 小时，其中年日照量别≥ 60% 的日数 220 天，年日照量别≤ 20% 的日数 62 天。冬季（2015 年 12 月至 2016 年 2 月）日照时数为 511.5 小时，较历年偏少 64.0 小时，期间除 2015 年 12 月上旬和下旬偏多外，其余时间日照时数均偏少。春季日照时数为 762.7 小时，较历年偏少 17.4 小时，期间 4 月中旬和 5 月较历年值偏少，其他各旬均较历年值偏多。夏季日照时数为 696.1 小时，较历年偏少 22.7 小时，期间 6 月和 8 月日照时数较历年值偏少，7 月较历年值偏多。秋季日照时数为 544.2 小时，较历年偏少 86.4 小时，期间除 9 月上中旬日照时数偏多外，其余各旬日照时数均偏少，12 月日照时数 131.1 小时，较历年偏少 49.4 小时。

2017 年，日照时数为 2330.5 小时，较常年偏少 371.5 小时，其中年日照量别≥ 60% 的日数达 196 天，年日照量别≤ 20% 的日数达 76 天。冬季（2016 年 12 月至 2017 年 2 月）日照时数为 445.9 小时，较常年偏少 129.6 小时，其余各旬日照时数均较历年偏少。春季日照时数为 753.8 小时，较常年偏少 23.3 小时，期间 3 月中下旬、4 月上旬和 5 月下旬较历年偏少，其他各旬均较历年偏多。夏季日照时数为 529.6 小时，较常年偏少 189.2 小时，7 月中旬与历年值持平，其他各旬日照时数均较历年值偏少。秋季日照时数为 555.5 小时，较历年偏少 75.1 小时，除 9 月上旬和 11 月下旬时数偏多外，其余各旬日照时数均偏少，12 月日照时数为 176.8 小时，较历年值偏少 3.7 小时。

四季气候特点及影响评价

冬季 2012 年 12 月至 2013 年 2 月，平均气温为 –2.1℃，较常年偏低 1.4℃。2013 年冬季各旬平均气温除 1 月中下旬偏高及 2 月下旬略偏高外，其他各旬气温均比常年偏低，极端最低温度为 –13.4℃（2013 年 1 月 4 日），比常年极端最低气温偏高 2.3℃。季降水量为 42.2 毫米，较常年平均值偏多 23.7 毫米。季日照时数为 457.9 小时，较常年平均值偏少 117.6 小时。

冬季降水量偏多，气温偏低，有利于冬小麦安全越冬和减少病虫害的发生；降雪较多、日照偏少、气温偏低，造成持续的道路结冰，对交通安全和出行带来不利的影响。

2015 年 12 月至 2016 年 2 月，平均气温为 -1.3℃，较历年偏低 0.6℃。2016 年冬季各旬平均气温除 1 月中下旬、2 月下旬偏低外，其他各旬平均气温均较历年偏高。季降水量为 25.0 毫米，较历年平均值偏多 6.5 毫米。季日照时数为 511.5 小时，较历年平均值偏少 64.0 小时。冬季共出现大雾日数为 14 天。

冬季降水量偏多，日照偏少，气温偏低；大雾天气的出现对交通安全和出行带来不利的影响。

2016 年 12 月至 2017 年 2 月，平均气温为 1.2℃，较历年偏高 1.9℃。2017 年冬季各月平均气温均较历年值偏高。季降水量为 19.6 毫米，较历年平均值偏多 1.1 毫米。季日照时数为 445.9 小时，较历年平均值偏少 129.6 小时。冬季共出现大雾日数为 23 天。

冬季降水量略偏多，日照偏少，气温偏高；大雾天气的出现对交通安全和出行带来不利的影响。

春季　2012 年 3—5 月，平均气温为 12.6℃，较常年偏低 0.9℃。春季气温整体偏低，3 月上中旬气温偏低，其他时段气温持续偏高；季降水量为 77.3 毫米，较常年偏少 2.4 毫米，3 月、5 月降水量偏少，特别是 5 月降水偏少八成；季日照时数为 780.7 小时，较常年偏多 3.6 小时。

2016 年 3—5 月，平均气温为 15.3℃，较历年偏高 1.8℃。期间除 5 月下旬气温略偏低外，其他时段气温持续偏高；季降水量为 58.5 毫米，较历年偏少 21.2 毫米，各月降水量均较历年偏少。季日照时数为 762.7 小时，较历年偏少 17.4 小时，期间 3 月日照时数偏多 28.6 小时，4 月份与历年基本持平，5 月日照时数偏少。

2017 年 3—5 月，平均气温为 15.5℃，较历年偏高 2.0℃。春季各月平均气温均较历年值偏高；季降水量为 59.1 毫米。季日照时数为 753.8 小时，较历年值偏少 23.3 小时。

夏季　2013 年 6—8 月，平均气温为 26.8℃，较常年偏高 0.9℃，较 2012 年同期偏高 0.9℃，极端最高气温为 37.6℃，季内大部时段气温较常年偏高，8 月平均气温值超历史记录。季降水量为 612.4 毫米，较常年偏多 242.7 毫米。夏季日降水量≥ 50.0 毫米的降水日数（暴雨日数）有 3 天，一日最大降水量为 139.1 毫米，出现在 7 月 27 日。各镇街降水量：新户为 724.4 毫米，义和为 682.8 毫米，六合为 504.9 毫米，孤岛为 560.5 毫米，仙河为 589.7 毫米。夏季日照时数为 675.7 小时，较常年偏少 43.1 小时，比 2012 年同期略偏多。

2016 年 6—8 月，平均气温为 26.6℃，较历年偏高 0.7℃，极端最高气温为 36.7℃，出现在 7 月 25 日和 30 日，季内大部时段气温较历年略偏高。季降水量为 518.3 毫米，较历年偏多 148.6 毫米。夏季日降水量≥ 50.0mm 的降水日数(暴雨日数)有 3 天，一日最大降水量为 62.4 毫米，出现在 8 月 25 日。各镇街降水量为：2016 年各乡镇 6—8 月降水量（毫米）：新户为 490.2，义和为 721.5，六合为 456.6，孤岛为 611.9，仙河为 497.2。季日照时数为 696.1 小时，较历年偏少 22.7 小时，较去年同期略偏多。

2017 年 6—8 月，平均气温为 26.6℃，较历年偏高 0.7℃，极端最高气温为 38.2℃，出现在 7 月 12 日，夏季 20 各月平均气温均较历年值偏高。季降水量为 316.1 毫米，较历年偏少 53.7 毫米。夏季日降水量≥ 50.0mm 的降水日数（暴雨日数）有 1 天，一日最大降水量为 59.2 毫米，出现在 6 月 23 日。各镇街降水量：2017 年各乡镇 6—8 月降水量为（毫米）：新户为 343.8，义和为 410.3，六合为 426.0，孤岛为 391.8，仙河为 391.6。季日照时数为 529.6 小时，较历年偏少 189.2 毫米。

秋季　2013年9—11月，平均气温为15.1℃，较常年偏高0.7℃。季降水量为64.2毫米，较常年偏少19.6毫米。季日照时数为641.2小时，较常年偏多8.6小时。秋季气温偏高、光照充足、降水略少，对秋播墒情和棉花裂铃及摘拾有利。

2016年9—11月，平均气温为15.3℃，较历年偏高0.9℃。季降水量为48.1毫米，较历年偏少35.7毫米。季日照时数为544.2小时，较历年偏少86.4小时。秋季降水偏少，气温偏高，不利于秋播，日照时数较历年偏少，对大棚蔬菜及秋收作物有不利影响。秋季共出现大雾日数7天。

2017年9—11月，平均气温为15.3℃，较历年偏高0.9℃。秋季各月平均气温均较历年值偏高。季降水量为42.9毫米，较历年偏少40.9毫米。季日照时数为555.5小时，较历年偏少75.1小时。

秋季降水偏少，气温偏高，不利于秋播，日照时数较历年偏少，对大棚蔬菜及秋收作物有不利影响。秋季共出现大雾日数2天。

第三节　气候条件对农业的影响

气候与小麦　冬季大部时段小麦处于越冬期，期内降水偏多，大部地区土壤墒情适宜，麦苗生长状况整体偏好，群体结构合理，但受气温偏低影响，冬小麦返青期较常年有所推迟；春季是冬小麦返青至乳熟期，季内光照条件基本正常，大部时段降水偏多，大部地区墒情条件利于冬小麦返青后发育，但受季内部分时段气温持续偏低影响，冬小麦部分生育期发育迟缓，加之4月19—20日雨雪天气后气温降幅较大，对当时处于孕穗期的冬小麦穗分化不利。6月上旬到中旬是小麦成熟收获期，期内降水偏少，光温条件接近常年，大部气象条件基本能够满足小麦成熟和收获晾晒。

气候与棉花　春季中后期是棉花播种出苗期，2016年棉花播期自4月中旬后期开始，5月中旬结束，期内光温条件适宜，4月中旬和5月上中旬降水充沛，对改善播前墒情和棉花播种出苗较为有利，但部分地区受降水影响播期略有推迟。夏季是棉花现蕾—花铃—裂铃吐絮期，6月部分地块出现的冰雹天气使棉花茎叶受损，7—8月出现的数次暴雨过程致部分农田积水，使处于旺盛生长期的棉花发生渍涝。秋季是棉花吐絮收获期，期内大部时段气温偏高，降水偏少，利于棉花采摘收获。

第四节　物　候

农作物候

小麦　农历二月下旬返青，三月下旬拔节，四月下旬抽穗灌浆，五月下旬收割。

俗语："白露早、寒露迟、秋分种麦正适宜"，农谚："芒种三日见麦茬。"

玉米　春玉米农历三月下旬至四月上旬播种，七月下旬成熟；夏玉米为农历五月上旬播种，八月下旬成熟。

大豆　春大豆谷雨前后播种，八月成熟。夏播一般在农历五月下旬或六月上旬，八月下旬或九月上旬成熟收割。

高粱　春播高粱农历三月上旬播种，八月上旬成熟。俗语："头清明十天不早，晚清明十天不迟。"

棉花　一般谷雨前后播种，七月中旬开始摘新棉（图 1–1）。俗语："谷雨前后种棉花（或枣芽发种棉花），小满花不回家。"

图 1–1　棉花

花生　农历四月上旬点种，八月上中旬收获。

木本植物候

苹果树　农历二月下旬发芽，三月上旬开花，四月坐果，八月中下旬收摘，霜降落叶。俗语："梨树苹果（树）一齐开（花）。"

梨树　农历二月下旬发芽，三月上旬开花，四月坐果，七月下旬至八月上旬收摘，霜降落叶。俗语："七月核桃、八月梨，九月柿子来赶集。"

桃树　农历三月上旬开花、坐果，六月下旬收摘，霜降落叶。

杏树　农历二月下旬开花，三月下旬坐果，五月上旬收摘，霜降落叶。俗语："二月杏花，麦子黄梢麦黄杏。"

枣树　农历三月下旬发芽，四月开花、坐果，八月中旬收摘，霜降落叶。俗语："七月十五半红，八月十五全红。""谷雨种花，枣树发芽。"

柳树　俗语："七九八九，顺河看柳"。一般在公历 3 月初发芽，霜降后落叶。

刺槐　树农历四月发芽，四月下旬开花，八月中旬果实成熟。

候鸟来去

燕子　农历三月上旬归来筑巢，九月中旬离去。

大雁　农历九月来当地产卵育雏，翌年三月离去。俗语："大雁不过九月九，小燕不过三月三；雁燕来去，彼此相反。"

布谷鸟（杜鹃鸟）　农历四月来当地产蛋育雏，九月下旬离去。

动物出没

蛇　农历三月上旬复苏，九月下旬冬眠。

蛙　农历四月中旬出土，九月下旬至十月上旬冬眠。

蝉　农历五月中旬见小蝉，五月中下旬见大蝉，七月中旬排卵。

第三章 自然灾害

第一节 旱灾

河口区为淡水资源短缺型地区，人均占有水资源量为 630 立方米，约为全国的 23.4%，约为全省的 78.3%。同时，由于自然条件的限制和人类自身的局限，在一定程度上存在着工程性缺水，大部分地表径流入海，得不到有效利用。并且分布不均匀表现在时空两个方面。时间上，汛期水资源量占全年 70% 以上，从年际上看，丰枯变化也很大，地表径流最大年份（1999 年）是最小年份的 4.84 倍。从地域分布上看，由于受降水等因素影响，地表水资源的分布趋势与降水量空间分布趋势基本一致。

2003—2014 年，旱灾仍为发生频率最高的自然灾害。由于降水稀少，且分布不均，其旱灾多发生与春、秋两季。大旱年份发生在 2004 年、2005 年、2007 年、2010 年、2012 年、2014 年。为“十年六旱”。发生旱灾的基本规律是春夏季多于秋冬季。春季的 3—5 月，平均降水量为 94.2 毫米，占全年降水量的 17.6%；夏季的 6—8 月，平均降水量为 330.8 毫米，占全年降水量的 61.7%；秋季的 9—11 月，平均降水量为 83.7 毫米，占全年降水量的 15.6%；冬季的 12 月至翌年 2 月平均降水量为 20.1 毫米，占全年降水量的 3.8%。

2016 年 7 月上中旬，降水量较历年偏少 45.2 毫米，出现轻微干旱，但由于 6 月降水偏多，土地墒情普遍较好，对夏播影响不大；9—10 月降水偏少，期内降水量 38.3 毫米，较历年偏少 44.7%，加之同期内大部时段气温偏高，部分灌溉条件较差地区有轻微干旱出现，墒情条件较差，但 11 月降水偏多，旱情得到基本解除。

2017 年除 4 月和 6 月偏多外，其他月份均较历年值持平或偏少，但由于 6 月降水偏多，土地墒情普遍较好，对夏播影响不大；秋季降水偏少，期内降水量为 42.9 毫米，较历年偏少 48.8%，加之同期内大部时段气温偏高，部分灌溉条件较差地区墒情条件较差。

境内每逢出现春旱，其降水量仅能满足小麦生长所需水量的 1/3，春作物需水量的 1/2。且春旱的出现往往由 3—5 月延续至 6—7 月。境内农业区域受旱面积高达 30 万亩，成灾近 10.5 万亩。

秋季旱灾往往出现在 9—10 月初，秋播受其影响最大。如遇 10 月中旬过量降水，仍给秋播和收获带来极大的危害，造成翌年夏粮减产歉收。

第二节 涝灾

河口区涝灾发生频率为 20%~25%，4~5 年一遇；潮灾约 7 年发生一次；旱灾发生频率为 20%~30%，3~4 年一遇。

2001—2010年，境内无大的涝灾出现，一般发生在7—8月。平均降水量为200余毫米。并且来势凶猛，时间短，时常夹带风暴。其出现的年份多与干旱年份近似。故出现春旱、夏涝、秋又旱的多发现象，给农业生产带来很大损失。2003年7月31日，境内突降暴雨，平均降水量为137.6毫米，超“64雨型”10余毫米。其中河口城区为127.7毫米，太平乡为182.8毫米，新户乡为130毫米，义和镇为131毫米，六合乡为86.8毫米；2005年8月8—9日，受第9号台风“麦莎”影响，境内遭受台风袭击，并普降暴雨。内陆最大风力为8~9级，沿海9~10级，阵风10级以上。潮水位超出正常水位线120~140厘米。最大降水量为118毫米，平均为95毫米。24小时降水量占全年降水量的21%。为近10年间最为严重的一次自然灾害。

2016年夏季全区日降水量≥50.0毫米的暴雨日数为3天。出现在6月和8月，全区部分乡镇(街道）遭受不同程度的雨涝灾害。8月6—8日受低涡切变影响，境内部分乡镇迎来本年度最强降水，城区过程降水量为59.1毫米，太平和孤岛站降水量都超过200毫米，其中太平降水量达285.0毫米，8日1~2时，小时降水量均在70毫米以上。短时的强降水，给农业生产造成较大损失。

第三节　雹灾

2016年夏季全区共进行冰雹防御作业5次，每次强对流天气过程来临时，河口区人影办均密切监视天气变化并积极组织各炮点进行人工影响天气作业，有效防范了冰雹袭击。6月19日，由于冰雹云势力过强和安全射界限制等原因，虽抢抓关键期在可射范围内实施了多轮次炮击作业，但仍有部分地区出现冰雹灾害，新户镇、义和镇农田受灾，经济损失共有607万元。

据6月23日统计，新户、义和两镇受灾村庄43个，分别是新户镇的小坨村、北台子、牟桥村、永合村、三义村、海丰村、东村、西村、太平村、友谊村、南六合、西鲍井、新华村、一顷六、双胜村、坝上村、和平村、太和村、赵王村、联合村、中合村、三合村、大王村、建设村、兴华村，共计25个村。义和镇的薄家村、大山村、七顷村、三合村、北太平村、南太平村、同合村、河王村、河二村、梁家村、大王村、蒲台村、艾河村、三顷三村、油坊村、六顷村、宝一村、河一村，共计18个村。

2017年夏季全区共进行冰雹防御作业3次，每次强对流天气过程来临时，河口区人影办均密切监视天气变化并积极组织各炮点进行人工影响天气作业，有效防范了冰雹袭击，未见雹灾。

第四节　风暴潮灾

2019年8月12日傍晚，伴随着台风“利奇马”侵袭东营对河口区海域造成很大影响（图1-2)。台风过后，河口区各级积极行动，广大干部职工全力以赴投入抗灾救灾，尽快恢复生产，确保群众正常生产生活秩序，努力把台风灾害损失降到最低。

受强台风“利奇马”及暴雨带来的严重内涝影响，东营安诺其纺织材料有限公司正常生产被迫中断。

图 1-2　台风“利奇马”

由于防范及时、措施得当，并未造成人员伤亡及大量财产损失。台风过后，公司迅速行动，清扫道路淤泥，修复被损厂房，统筹调配资源，按照复工程序对施工设施进行全面现场安全检查，广大职工加班加点保生产赶订单，公司所有生产线已全部恢复正常运行 。

连续来的强降雨，导致义和镇各设施农业、农场庄园、大田等受灾严重，部分道路、房屋损毁。灾情发生后，广大干部群众迅速地投入灾后自救，尽快恢复生产，努力把灾害损失降到最低。义和镇把各村“两委”成员、管区书记、包村干部、网格员组织起来，继续发挥连续作战精神，组织人力机械上阵，强排积水，全力排涝，同时，他们开展路桥损毁统计、路障清除和灾后环境卫生清理，对供水、电力等加紧抢修，同时联合保险公司第一时间赶赴受灾点统计核查灾情，最大程度降低群众生产损失。

风雨过后，河口街道迅速行动、积极部署，全力开展灾后自救工作。据统计，在这次强降水中河口街道 7 个村道路桥梁被冲毁，造成出入交通受阻，18 栋大棚、2.30 万余亩农作物受灾严重，66 户人家的房屋不同程度受损，部分农畜养殖、水产养殖、盐池等基础设施受到严重破坏。灾情就是命令。全街道党员干部、职工群众始终坚守在防灾抗灾第一线，及时做好安全隐患、台风防范指导和灾情排查工作，发现险情及时排除，重大问题及时上报，同时，他们调动各类机械和人员对过水的农作物清沟沥水除涝，对积水消退后的淤泥和树枝等进行清理，保障道路畅通，加快恢复群众生产生活秩序，并加强卫生防疫知识宣传力度，确保水灾过后无疫情。

受台风“利奇马”影响，河口区多地不同程度受灾。根据水灾防病方案和防疫特点，区疾病预防控制中心重点部署灾后群众生活饮用水、蚊蝇害虫消杀、预防接种等重点工作。采集河口水厂、仙河水厂、六合街道上小街村和广河村等地生活饮用水水样，对水样感官、pH 值、二氧化氯、大肠菌群和菌落总数等指标进行检测。他们还对消杀防疫工作人员进行了业务指导和培训。区疾控中心进一步加强消毒杀菌物资的储备，对灾区饮用水进行全覆盖卫生检测和评价，加强菌痢、伤寒等肠道传染病的监测，继续加强消毒指导和健康宣教知识普及，让受灾群众做好个人自我防护，确保大灾之后无大疫。

第二篇

农业资源

NONG YE ZI YUAN

第一章　土地资源

第一节　土地来源

河口区境域演变由两大因素构成：一是黄河造陆，二是海岸蚀退。历经古代造陆至 1855 年（清咸丰五年）黄河夺大清河在利津入海，又经数次改道至 1976 年由大青沟入海，至当代，河口区陆地形成,发育成熟,人为开发。以宁海为顶点,黄河尾闾出现了 10 次改道,有 6 次在河口区境内。1855 年，二河盖（老爷庙东北）流路，此流路淤出自利津罗镇东北至今河口区六合乡一带大片土地。1904 年，泽河（老徒骇河自沾化刚家至太平、新户老鸦）流路。前后历时 22 年，实际行水 17 年。其中老鸹嘴入海流路淤积了河口区义和镇、太平乡、新户的大部土地；太平向东流路淤积了今新户境内的郭局、公司、中合、兴合，东六合、奇古等大片陆地。1926 年 6 月，黄河在利津八里庄以北的吕家洼决口东北流，经丰国镇（今汀河）北，由刁口河入海，此河道历时 3 年，造陆范围为今六合以西，二吕、八吕以东的整个挑河流域。由于行水时间短，淤淀低洼。至 20 世纪 60 年代，油田会战在此开发，西侧早有二八吕、李坨、刘坨等鲁西南居民迁入，成为今河口区政府驻地。1934 年 9 月，合垅处（今利津集贤涯东村）决口，河水东向漫流，先由毛丝坨以北的老神仙沟入海，后又形成神仙沟，甜水沟、宋春荣沟三股入海之势。河口境内的孤岛、仙河地区，此时仍处在成型之初，并不具备人居环境和生存条件，此阶段历时 4 年有余。陆地成熟是在 1947 年。黄河重归山东入海仍沿此流路进行的推海造陆，北至河口区境内的国级自然保护区。当今孤岛、仙河地区形成大量土地。1953 年 7 月，小口子裁弯改道，黄河由神仙沟独流入海，历时 10 年零 5 个月。随着河口区孤岛、仙河地区的发育成熟。神仙沟独流入海，也加快了河道两岸的陆地淤积，北至国家级自然保护区亦在此间形成，造陆面积达 1530 平方千米，其中河口区 270 平方千米。1964 年 11 月 1 日，利津罗家屋子破堤分洪，由草桥沟、洼垃沟入刁口河漫流归海，复成刁口河流路，至 1976 年，该流路共行水 12 年零 5 个月。刁口河东至孤岛、仙河镇，西至挑河，大量低洼沼泽土地得以开发。

第二节　土地规模

河口区成立时,根据国务院〔1982〕249 号《关于山东省设立东营市的批复》文件对河口区界的界定，河口区版图面积 2 600 平方千米，390 万亩（包括境内飞地和军马场），其中缓岗和河滩高地 39 万亩，浅平洼地 85.7 万亩，微斜平地 167.7 万亩，海滩地 97 万亩。至 2019 年，大致发生三次变化。

1988 年 10 月至 1991 年 11 月，河口区利用 3 年多时间进行第一次土地资源调查。通过调查，查明河口区土地总面积为 21.39 万公顷，2138.8 平方千米（不包括利津县刁口乡的 2.26 万公顷和与利津县争议土地 624.99 公顷）。其中耕地为 4.57 万公顷，占土地总面积的 21.4%；园地为 647.65 公顷，占土地总面积的 0.3%；林地为 9197.7 公顷，占土地总面积的 4.3%；牧草地为 2.15 万公顷，占土地总面积的 10.1%；居民点及工矿用地为 1049.32 公顷，占土地总面积的 3.8%；交通用地为 2396.47 公顷，占土地总面积的 1.1%；水域用地为 7.46 万公顷，占土地总面积的 34.9%；未利用土地为 5.17 万公顷，占土地总面积的 24.1%。

2010 年末，据土地变更调查资料统计，河口区土地总面积为 22.73 万公顷。其中，农用地为 10.26 万公顷，建设用地为 1.73 万公顷，未利用地为 10.74 万公顷。

农用地中耕地为 3.82 万公顷，园地为 833 公顷，林地为 3133 公顷，牧草地为 200 公顷，其他农用地为 6.02 万公顷。建设用地中城镇村及工矿用地为 1.29 万公顷，公路用地为 1353 公顷，港口码头用地为 907 公顷，水工建筑用地为 2140 公顷。未利用地中其他草地为 4413.3 公顷，河流水面为 4473 公顷，沿海滩涂为 5.09 万公顷，内陆滩涂为 1640 公顷，盐碱地为 4.6 万公顷。

2017 年，河口区土地总面积为 22.68 万公顷，其中，农用地为 10.12 万公顷，建设用地为 2.51 万公顷，未利用地为 10.04 万公顷。农用地中耕地为 4.22 万公顷，园地为 826.67 公顷，林地为 3126.67 公顷，牧草地为 73.33 公顷，其他农用地为 5.5 万公顷。建设用地中城镇村及工矿用地为 1.55 万公顷，公路用地为 1546.67 公顷，港口码头用地为 900 公顷，水库水面为 4866.67 公顷，水工建筑用地为 2253.33 公顷，风景名胜及特殊用地为 266.67 公顷；未利用地中其他草地为 4460 公顷，河流水面为 4460 公顷，沿海滩涂为 4.97 公顷，内陆滩涂为 1640 公顷，盐碱地为 4.01 万公顷。

第三节　土壤结构

土壤类型及特征

全区土壤总面积为 15.3 万公顷，占土地总面积的 61.7%。境内土壤以黄河沉积泥沙为主要成土母质，发育于退海之地，成土年龄晚，受海洋作用强烈，具有土地体厚、类型少、盐化程度重、矿物质含量高的特点。河口区境内有潮土和盐土 2 个土类、3 个亚类、8 个土属、45 个土种。

潮土土类　总面积为 7.18 万公顷，分为潮土亚类和盐化潮土亚类，占土地总面积的 28.94%，其中土壤面积为 6.41 万公顷，占土壤总面积的 41.92%。

潮土亚类　面积为 3.43 万公顷，其中土壤面积为 3.06 万公顷，占土壤总面积的 20.02%。潮土主要分布于缓岗和河滩高地潜水位较低地区。在境内西部、南部均有分布。其表层质地多为轻壤和中壤，土体构形多为厚粒型，养分含量较高，有一定的保水、保肥能力，属本区土质较好的一类土壤。该亚类分砂质、壤质、黏质 3 个土属。

盐化潮土亚类　面积为 3.75 万公顷，其中土壤面积为 3.35 万公顷，占土壤总面积的 21.9%。盐化潮土亚类是潮土向盐土的过渡类型，与潮土亚类镶嵌分布，多位于浅平洼地边缘和微斜平地之中，与重盐化潮土与盐土接壤，境内西部、南部有较大分布。盐化潮土亚类中有轻度盐渍化土壤，绝大部分为农田，可种植小麦、玉米、棉花等农作物。该亚类分壤质、黏质、砂质3个土属。

盐土土类　面积为17.63万公顷，占土地总面积的71.06%，其中土壤面积为8.89万公顷，占土壤总面积的58.08%，主要分布于近海，地形低平，潜水位高，矿化度大，含盐量高，沿海呈带状分布。在境内新户、河口区街道办事处、仙河、孤岛等乡镇分布较大，与潮土类中的盐化潮土相互穿插，地面植被以黄须菜、马绊草等盐生植物为主。表层质地多为轻壤和沙壤，兼有中壤和重壤，土体构型多为厚砂层。该土类在境内只有滨海潮盐土1个亚类，含滨海氯化物潮盐土和滨海滩地潮盐土2个土属，18个土种。其中滨海氯化物潮盐土土属主要分布于地面高程3.5米以上地区，已脱离海潮影响，地貌类型大部分为微斜平地，自然植被主要有芦苇、马绊草、黄须菜、茅草、蒿子等，含盐量较高，作物不能生长。滨海滩地潮盐土主要分布于地面高程3.5米以下，是由黄河泥沙沉积后，又经海潮多次侵溃而成的一种土壤，盐分组成以氯化物为主。受海潮影响较大，土体含盐量高，植被稀疏，大部分为光板滩地，只在低洼处散生有黄须菜等耐盐生植物。

土壤物理性状

土壤质地　本区表层土壤质地主要为砂质和黏质，以砂质为主。其中粉沙壤土占很大面积，其特点是结构松散，粒间毛管隙度大，毛管性能强烈，易于土壤的水、盐垂直运动，保水保肥能力差，土质瘠薄，不耐旱，易于返盐。这是全区土壤肥力低而易发生盐渍化的一个重要原因。土体构型：以沙壤为主，呈粒状结构，颗粒大小不均匀，毛管水上升快且高，比较易于积盐。土壤容重：全区土壤容重偏高，土壤较为紧实，有机质含量少。沙壤耕层平均容量为1.31克/平方厘米， 轻壤1.30克/平方厘米，中壤1.32克/平方厘米，重壤1.29克/平方厘米，黏土1.26克/平方厘米。土壤孔隙：本区土壤各种孔隙的配合比例基本合理,但变幅较大。说明通过合理耕作,多施有机肥,可以创造良好的土壤结构，为作物生长创造良好的土壤条件，这是改良土壤物理化性状的重要措施。本区沙壤总孔隙度为52.93%，变幅为48%~57.8%；犁底层孔隙度略小，较板实，但悬殊不大，心土层总孔隙度为52.5%。

土壤化学性状　境内土壤缺乏有机质，普遍缺氮，严重缺磷，氮、磷比例失调，钾较丰富。据统计，全区土壤有机质含量平均0.84%，最高1.89%，最低0.14%；氮素平均为0.052%，最大为0.101%，最低为0.013%；碱解氮平均为29毫克/千克，最高为71毫克/千克，最低为6毫克/千克；全磷平均为0.057%，最高为0.085%，最低为0.041%；速效磷平均为2.3毫克/千克，最高为11毫克/千克，最低为0.25毫克/千克；速效钾平均为187毫克/千克，最高为538毫克/千克,最低为18毫克/千克；碳氮比9.37C/N，氮磷比12.61N/P。

土壤评级　按照全国土壤普查技术规程的规定，土壤共分8个等级，境内无一级、二级和八级地。三级地：有轻度（盐斑一成）和中度（盐斑二至三成）盐化现象，水利设施基本配套，主要分布于新户镇、河口区办事处。四级地：土壤或土体结构较差，漏水漏肥，养分含量低，有中度盐化，主要分布于义和镇、原太平乡的大部，新户镇老鸦村、中和堂村和黄河故道一带。五级地：有重度盐化现象，主要分布于新户东风村北，河口区街道办事处五顷村、七顷村周围，六合街道北部。六级地：土壤盐渍化严重，难以利用，主要分布于新户、义和、河口街道办事处、原太平乡、六合街道北部及仙河镇北部和东部。七级地主要是海滩地，分布于沿海。

第四节　土壤墒情

2012 年，河口区开展土壤墒情监测工作，共取得土壤水分监测数据近 2000 个。向全国农技中心、省、市、区领导等上报月度土壤水分监测结果，编制土壤墒情监测简报 47 期，并上报全国农技中心及“全国节水农业网”中，为及时掌握区域土壤墒情变化情况，为抗旱防涝、农业结构调整及旱作农业新技术推广应用等方面积累大量第一手数据资料。

土壤墒情检测

2009 年，在全区份区域份作物建立 100 处区域性的耕地养分及墒情的动态监测点，先后在 4 月、10 月对 100 个监测点进行取样，分析化验田间含水量、pH 值、盐分、氮、磷、钾、有机质等项目，每月 5 日发布水分及养分简报、20 日发布水分简报，累计发布水分及养分简报 16 期。

2010 年，累计采集样品 850 余个，对监测点进行了取样，分析化验田间含水量、pH 值、盐分、氮、磷、钾、有机质等项目，化验 2750 余项次，及时对耕地墒情及养分进行动态监测，定期编制发放养分及墒情简报 14 期，并将数据全部录入东营市耕地水分养分动态监测系统，指导群众科学生产。

2012 年，河口区开始对土壤墒情进行动态检测，选择建立 10 个土壤墒情监测点，坚持每月监测土壤墒情 4 次，及时发布《土壤墒情》，当年累计发放土壤墒情 47 期，墒情资料 5 100 余份，及时指导农民群众科学合理生产，促进农业增效。

2013 年累计对监测点进行取样监测 18 期，采集土壤样品 396 个，分析化验田间含水量、pH 值、盐分、氮、磷、钾、有机质等项目，化验 1365 项次，定期编制发放养分及墒情简报 18 期，及时掌握了耕地土壤养分及墒情动态变化情况，为防汛抗旱工作提供了技术指导。

2016 年全年累计挖取土样 340 个，取得土壤水分监测数据 340 个，编制《河口区土壤墒情监测简报》14 期，举办坑旱保墒培训班 2 期，现场技术指导 18 余场，印发技术指导意见、明白纸等 3000 余份。

2017 年全年累计挖取土样 363 个，取得土壤水分监测数据 363 个，编制《河口区土壤墒情监测简报》16 期，举办抗旱保墒培训班 2 期，现场技术指导 15 余场，印发技术指导意见、明白纸等 3000 余份。

2018 年，对全区 14 个监测点进行取样监测 10 次，累计采集土壤样品 188 个，取得土壤水分监测数据 188 个，编制《河口区土壤墒情监测简报》8 期。

每年检测后对其结果进行分析，形成完整资料，发至各乡镇、街道，对当前墒情、水情及对不同农作物播种的影响进行科学指导。向全国农技中心、省站、市站上报月度土壤水分监测结果，并在“中国农业节水信息网”“山东土壤肥料信息网”及东营市河口区农业局网站发布，及时掌握耕地土壤墒情变化情况，为抗旱防涝、农业结构调整及旱作农业新技术推广应用等积累大量第一手的数据资料。

监测成果分析

2012 年 1—5 月降水较少，总降水量仅为 47.6 毫米，进入 6 月，降水量开始增大，6 月降水量为

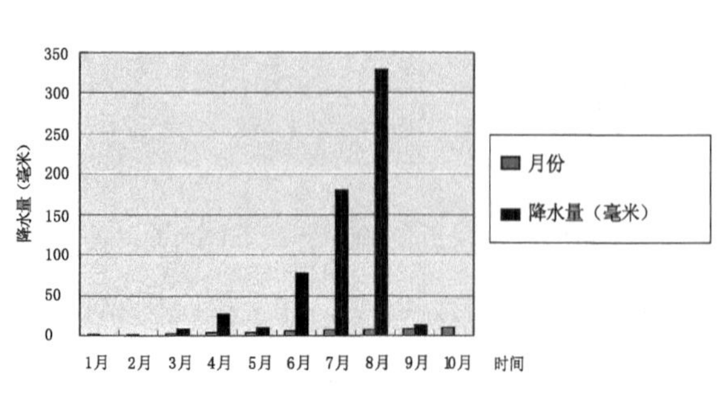

图2-1 2012年河口区月份降水量

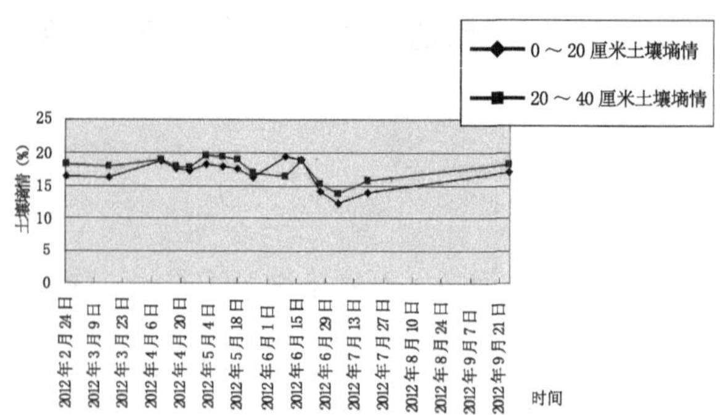

图2-2 2012年河口区小麦、玉米田墒情变化情况

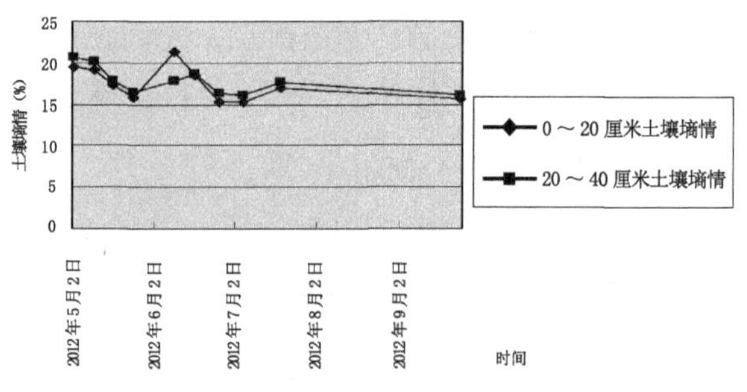

图2-3 2012年河口区棉田墒情变化情况

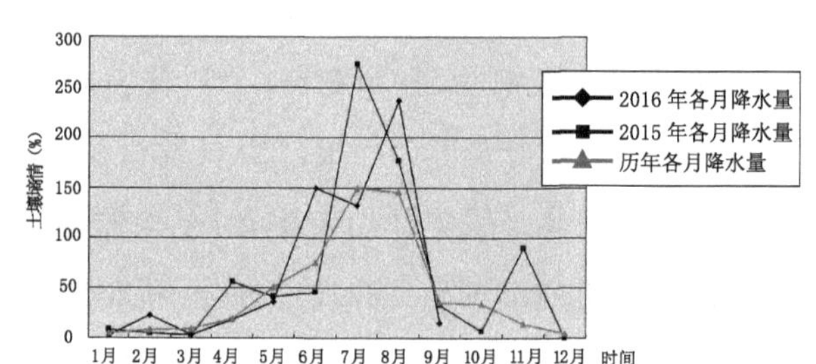

图2-4 2016年河口区1—9月降水量及与历年比较图

78.1 毫米，7—8 月降水最多，分别为 180.9 毫米、329.0 毫米，9 月降水较少，仅为 12.9 毫米（图 2-1）。小麦、玉米地在 0 ～ 20 厘米土壤墒情平均为 16.83%，20～40 厘米土壤墒情平均为 17.63%（图 2-2），棉花地 0～20 厘米土壤墒情平均为 17.45%，20～ 40 厘米土壤墒情平均为 17.79%（图 2-3）。河口区降水量集中在 7—8 月，受其影响河口区土壤墒情有春旱夏涝的特点，春灌后土壤旱情明显缓解。但在雨季到来之前，由于气温升高蒸腾作用加剧，6 月下旬至 7 月中旬河口区土壤失墒明显，0～20 厘米土壤墒情平均为 13.42%，20～40 厘米土壤墒情平均为 14.96%。7 月下旬和 8 月降水量大，期间要及时排涝。

2016 年 1 月和 3 月降水较少，2 月降水较多，第一季度总降水量为 28.4 毫米，与历年比增加 5.8 毫米。4 月降水量与历年基本持平，4—5 月降水量为 55.1 毫米，与历年比减少 15.6 毫米。6—8 月降水量较多，共 518.3 毫米，与历年比增加 148.6 毫米。比 2015 年同期增加 23 毫米。9 月降水量减少，截至 9 月 25 日为 15.2 毫米，与历年比减少 20.4 毫米。2016 年 1—9 月总降水量 617 毫米，比 2015 年同期低 24.6 毫米，比历年同期高 118.4 毫米，其中 6—8 月共降水 518.3 毫米，占 2016 年 1—9 月降水量的 84%（图 2-4）。

2016 年 1 月平均气温偏低，3 月平均气温偏高，第一季度平均气温 2.23℃，与历年比高 1.47℃。其中 3 月平均气温与历年比高 2.8℃。第二、第三季度平均气温均比历年平均温度高，其中第二季度高 1.07℃，第三季度高 1.2℃（图 2-5）。

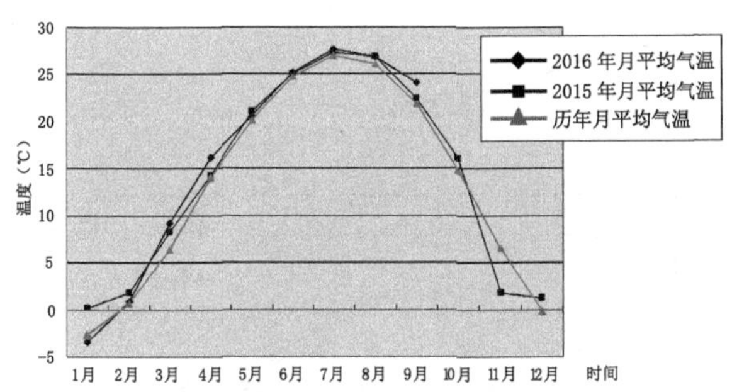

图2-5　2016年河口区1—9月平均气温及与历年比较图

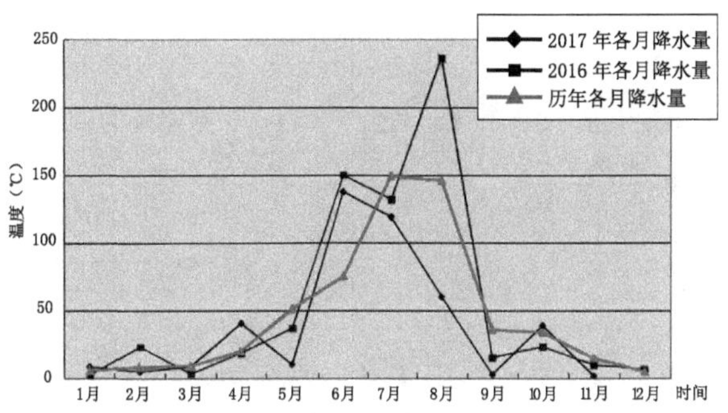

图2-6　2017年河口区1—11月降水量及与历年比较图

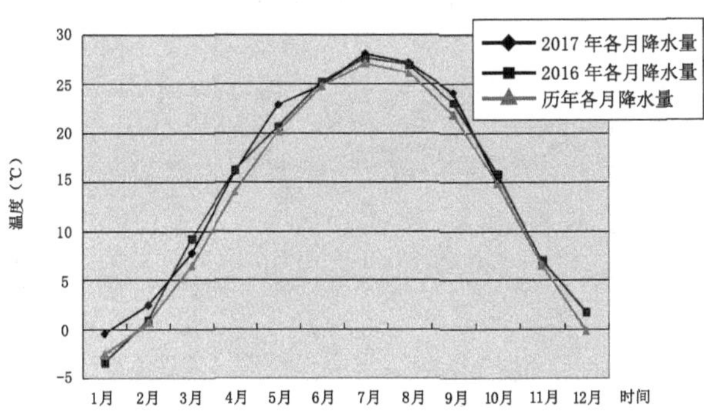

图2-7　2017年河口区1—10月平均气温及与历年比较图

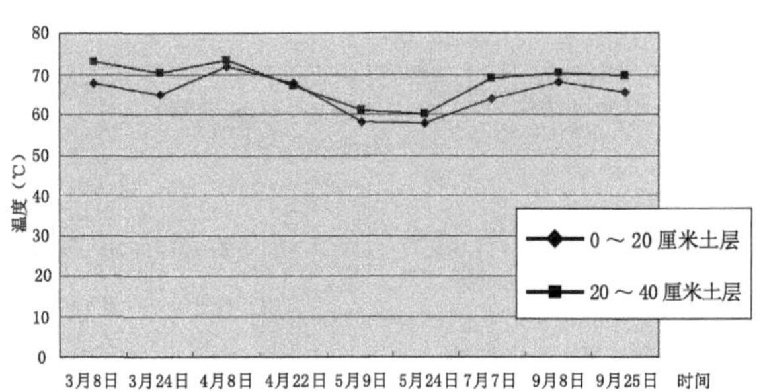

图2-8　2016年河口区小麦、玉米轮作田墒情变化情况

2017 年 1—3 月降水较少，第一季度总降水量为 21.7 毫米，与历年比减少 3.98% 毫米。4 月降水量较多，与历年比增多 105.58%，5 月降水量较少，与历年比减少 80.39%，4—5 月共降水 50.5 毫米，与历年比减少 28.57%。6—8 月为全年中降水量最多的 3 个月，共 316.1 毫米，占 2017 年 1—11 月降水量的 73.31%。与历年比减少 14.5%，比 2016 年同期减少 39.01%。9—11 月降水量减少，为 42.9 毫米，与历年比减少 48.81%。2017 年 1—11 月总降水量 431.2 毫米，与 2016 年同期比减少 33.65%，比历年同期比减少 21.14%（图 2-6）。

2017 年第一、第二、第三季度平均气温均比历年高。第一季度平均气温为 3.20℃，比历年高 1.73℃。其中 1 月平均气温比历年高 2.10℃。第二平均气温为 21.20℃，比历年高 1.60℃。第三平均气温为 26.37℃，比历年高 1.40℃。10 月平均温度为 15.00℃，比历年高 0.20℃（图 2-7）。

小麦、玉米轮作田墒情分析

2016 年 1—9 月下旬小麦、玉米轮作田 0~ 20 厘米土层土壤平均重量含水量为 15.92%，比 2015 年增长 1.73%；平均相对含水量为 64.98%，比 2015 年增长 2.95%。20~ 40 厘米土层土壤平均重量含水量为 16.69%，比 2015 年增长 3.60%；平均相对含水量为 68.14%，比 2015 年增长 4.71%，与 2015 年同期比较，3 月小麦、玉米轮作田墒情 0~ 20 厘米及 20~ 40 厘米土层基本持平；4 月、5 月 0~ 20 厘米及 20~ 40 厘米土层墒情均比 2015 年同期偏低；6 月降水较多，未能采样，无监测数据。受 6 月降水影响，7 月墒情明显高于 2015 年同期；8 月受几次较大降水影响，田间积水未能取样，部分地块产

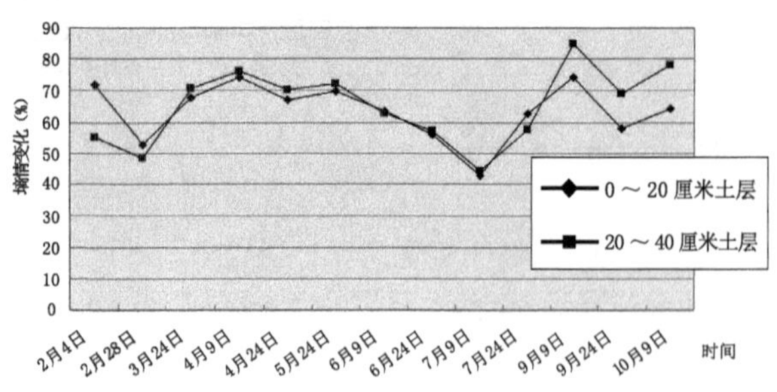

图2-9 2015年河口区小麦、玉米田墒情变化情况

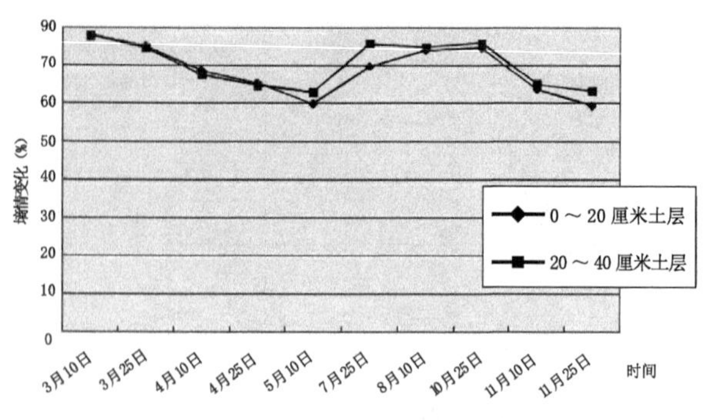

图2-10 2017年河口区小麦玉米轮作田墒情变化情况

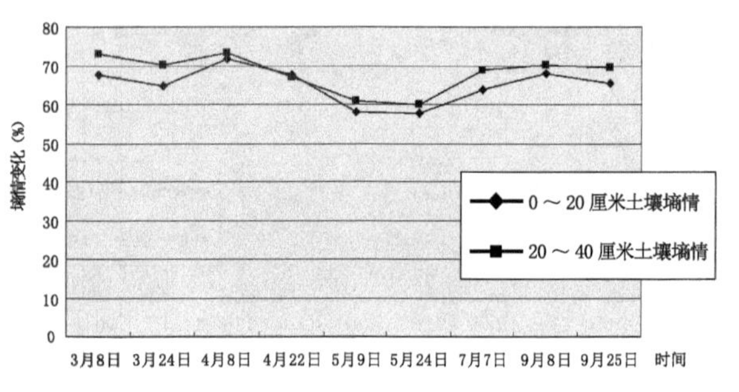

图2-11 2016年河口区小麦、玉米轮作田墒情变化情况

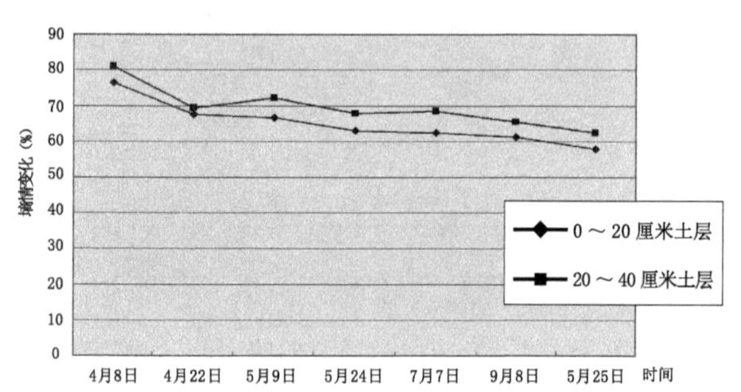

图2-12 2016年河口区棉田墒情变化情况

生渍涝；9 月受降水量减少及气温较高影响，0~20 厘米土层墒情比 2015 年同期偏高，20~40 厘米土层墒情比 2015 年同期偏低（图 2-8、图 2-9）。

2017 年 3 月，河口区小麦处于返青期，大部分麦田进行灌溉，土壤墒情适宜。随气温升高，土壤蒸发量大，土壤墒情逐渐降低，5 月达到最低。6 月进入雨季后，土壤墒情升高。9 月后干燥少雨，土壤墒情出现减少趋势。3—11 月小麦、玉米轮作田 0~20cm 土层土壤平均重量含水量为 16.77%，比 2016 年增长 5.32%；平均相对含水量为 68.68%，比 2016 年增长 5.69%。20~40 厘米土层土壤平均重量含水量为 17.13%，比 2016 年增长 2.62%；平均相对含水量为 70.14%，比 2016 年增长 2.94%（图 2-10）。与 2016 年同期比较，第一季度小麦、玉米轮作田墒情 0~20 厘米及 20~40 厘米土层均偏高；第二季度 0~20 厘米土层墒情偏高，20~40 厘米土层墒情偏低；第三季度后受降水等因素影响，部分墒情监测未能采样，无法与 2016 年同期进行比较（图 2-11）。

棉田墒情分析

2016 年 1 月至 9 月下旬棉花地 0~20 厘米土层土壤平均重量含水量为 16.05%，比 2015 年增长 1.26%；平均相对含水量为 65.08%，比 2015 年增长 1.81%。20~40 厘米土层土壤平均重量含水量为 17.13%，比 2015 年增长 2.82%；平均相对含水量为 69.53%，比 2015 年增长 13.16%（图 2-12）。与 2015 年同期比较：4 月大部分监测点棉田灌溉，0~20 厘米及 20~40 厘米土层墒情均比 2015 年同期偏高；受降水及气温影响，5 月 0~20 厘米及 20~40 厘米土层墒情均比 2015 年同期偏低；6 月降水

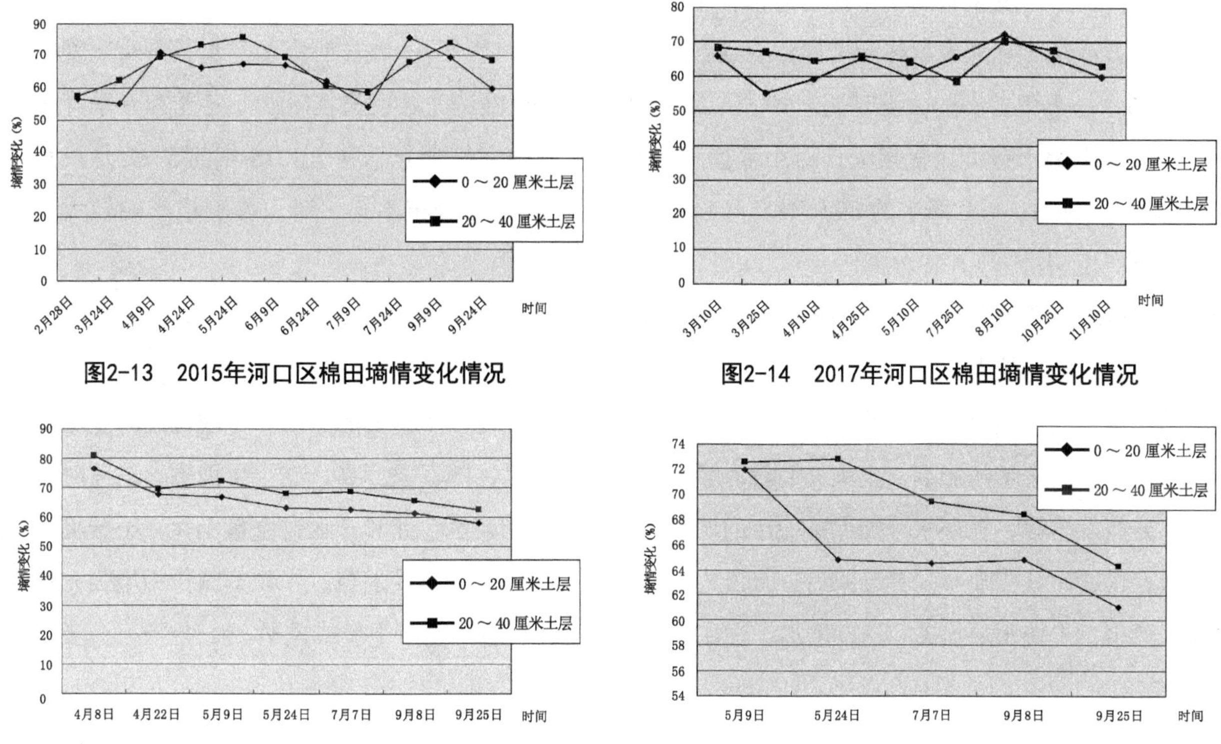

图2-13　2015年河口区棉田墒情变化情况

图2-14　2017年河口区棉田墒情变化情况

图2-15　2016年河口区棉田墒情变化情况

图2-16　2016年河口区大豆田墒情变化情况

较多，未能采样，无监测数据。受降水影响，7 月上旬 0~20 厘米及 20~40 厘米土层墒情均比 2015 年同期偏高。8 月受几次较大降水影响，田间积水未能取样，部分地块产生渍涝；9 月 0~20 厘米层与 20~40 厘米土层墒情均比 2015 年偏低（图 2-13）。

2017 年 4 月底到 5 月初为棉花播种时间，部分棉田进行了灌溉，棉田墒情不均匀，总体比 2016 年同期偏低。6 月随降水量增加，土壤墒情升高，8 月土壤墒情最高。9 月后干燥少雨，土壤墒情出现减少趋势。2017 年 3—11 月棉花地 0~20 厘米土层土壤平均重量含水量为 15.68%，比 2016 年减少 2.31%；平均相对含水量为 63.02%，比 2016 年减少 3.15%。20~40 厘米土层土壤平均重量含水量为 16.16%，比 2016 年减少 5.65%；平均相对含水量为 65.49%，比 2016 年减少 5.82%（图 2-14、图 2-15）。

大豆田墒情分析

2016 年 1—9 月下旬大豆田 0~20cm 土层土壤平均重量含水量为 17.02%，平均相对含水量为 65.44%，20~40cm 土层土壤平均重量含水量为 18.07%，平均相对含水量为 69.51%（图 2-16）。

影响土壤墒情变化的主要因素

降水量　2012 年，区域属暖温带季风型大陆性气候，自然降水是土壤水分的主要来源，因此降水量的多少成为土壤墒情变化的决定因素。土壤墒情变化总体上随降水量的增多而增加，这与降水特点——季节分配不均、强度大、年际变化大等相吻合。6 月降水量逐渐增加，土壤含水量随之升高；7—8 月两个月，降水量占全年降水的 78.5%，土壤含水量也达到了全年的高峰，也是土壤蓄墒的关键时期；10 月以后降水减少，土壤进入缓慢失墒阶段；冬季和春季降水极少，随着土壤水分的缓慢损失，对小麦生长和秋季作物的播种十分不利。

从历年看5月降水量逐渐增加，土壤含水量随之升高，历年5—8月河口区降水量占全年降水的76.26%，是土壤蓄墒的关键时期；10月以后降水减少，土壤进入缓慢失墒阶段；冬季和春季降水极少，随着土壤水分的缓慢损失，对小麦播种和秋季作物的生长十分不利。2016年的5—8月降水量555毫米，占1—9月降水的89.95%，降水较多且集中，降水分布不均，对土壤墒情影响较大，部分地块产生渍涝。

2017年总降水量偏少，5—8月降水量为326.1毫米，占1—11月降水的75.63%，且降水分布不均，对土壤墒情影响较大。

气温　气温通过影响土壤中水分的蒸发，对土壤墒情变化产生重要的影响。冬季低温时土壤表层封冻，受冻后聚墒的影响，土壤失墒较为缓慢；春季来临后，随气温升高，冻土层消融，这一时期土壤水分蒸发不强，深层水分能保持稳定的向上水流，出现泛浆水，此时作物需水量不大，土壤墒情基本满足作物生长需要；早春结束后，气温进一步升高，地表水分蒸发强烈，作物蒸腾作用增强，加之降水稀少，土壤水分损失和消耗增加，往往形成墒情不足，容易发生中旱或重旱。

第五节　耕 地

2009年，耕地面积为14.70万亩（不含原军马场）；2010年为25.49万亩；2011年为25.84万亩；2012年为30.53万亩；2013年为30.56万亩；2014年为30.56万亩；2015年为32.11万亩；2016年为31.31万亩；2017年为30.79万亩；2018年为35.26万亩。

第六节　植 被

河口区地处北温带，在植被地理分布上属暖温带落叶阔叶林区，在省级区划中属鲁北植被区滨海平原植被小区。由于人为活动的影响和土壤条件的限制，本区植被以草本为主，木本植物较少。植物区系的特点是植被类型少、结构简单、组成单纯。

农田植被中，本区主要栽培作物有冬小麦、玉米、大豆、高粱、谷子、地瓜、绿豆、水稻、棉花、花生、芝麻等；在低洼盐碱农田内种植有蓖麻、向日葵、苜蓿等；蔬菜主要分布于六合街道、义和镇等地。木本植物栽培主要有苹果、桃、梨、枣、葡萄、杏、花椒、石榴等。自然植被与本区成土年限和土壤含盐量关系极大，按土壤含盐量的多少，分布着不同的植物群落，以滨海盐生植被为主，自然木本植物除柽柳外，其他很少。柽柳在含盐量较高地带（土壤含盐量在0.5%以上）仍生长良好，只是由于连年砍伐，植株低矮丛生，多在沿海地带成片分布。草本植物以多年生根茎禾本科草为主，主要有芦苇、白茅、马绊草等，占70%以上，且多为群丛。

植物群落分布及特征：黄须菜群落，黄须菜是滨海盐生植被的典型植物，也是重要的盐生指示

图 2–17　芦苇

植物，伴生有柽柳、二色补血草、灰绿碱蓬等。其分布区域一般在沿海地带高程 1.1~1.9 米，土壤含盐量一般在 0.9% 左右，本群落黄须菜覆盖度 60%。在水分充足，土壤含盐量 1%~1.5% 的地区仍生长良好，但在干燥和土壤盐量大于 1.5% 的地区生长受抑制，覆盖度降低。该群落境内沿海大量分布。柽柳 – 黄须菜群落，分布于地面高程 1.7~1.9 米、常受海潮侵袭，土壤含盐量在 1.5% 左右的滨海滩地土壤中，群丛覆盖度在 60% 左右。马绊草群落，马绊草是盐生草甸的代表植物，分布于黄须菜群丛近陆侧，中度盐化的盐土和重度盐化潮土区。重壤低洼处生长茂盛,覆盖度可达 90%。马绊草适宜在土壤含盐量 1% 左右的土壤中生长,伴生有二色补血草、芦草、羊角菜等。芦苇群丛，芦苇是一种多年生根茎禾草，性喜水分，为沼泽草甸代表植物，可与各种草类混生，形成多种组合群落。主要有芦苇 – 马绊草群丛、芦苇 – 白茅群丛、芦苇 – 马绊草 – 茵陈蒿类群丛，按不同水分条件可分沼泽草甸和旱生草甸两类。在积水条件下，芦苇生长茂盛，伴生香蒲，全区面积有 40 万亩，主要分布于新户、河口街道、孤岛、仙河一带，是良好的建筑、造纸原料。在旱生条件下，芦苇生长低矮、稀疏、覆盖度小。主要分布于轻度盐化潮土地带，是较好的草场资源（图 2–17）。一年生禾本科群丛，由于土壤含盐低，地下水矿化度小，土壤湿润、杂草生长茂盛，如野麦停、狗尾草、稗草、曲曲菜、草木樨、野大豆等，植株高可达 0.5~1 米，覆盖度可达 75%~90%，为优质草场。主要分布于黄河新淤地。白茅 – 芦苇群丛，白茅是典型的草甸植被的重要指示植物，在白茅群落分布地带，盐生植被种群相继退化消失，不耐盐的大量草甸植物相伴而生，如曲曲菜，草木樨、罗布麻、野大豆等均在丛间伴生，覆盖度可达 90% 以上。白茅的出现证明土壤含盐量在 0.5% 以下，群众以此为垦荒的指示植物。主要分布于河口新淤地。

第二章　水资源

河口区水资源包括当地水资源和客水资源，当地水资源包括地表水资源和地下水资源，客水资源主要为黄河水。受自然条件限制，河口区当地水资源十分匮乏，地下水主要为苦咸水和咸水，矿化度较高，开发利用率很低。河口区唯一水源来自黄河。据 1987—2001 年系列资料统计，河口区年均引黄水量为 1.24 亿立方米。

第一节　自然降水

河口区属北温带半湿润大陆性季风气候，春旱夏涝，降水量在时空分布上不均匀，其特点是：

一是降水量地域分布不均；二是降水量年际变化大。根据1966—2001年实测降水资料分析，该区多年平均降水量为578.5毫米，历年最大降水量为1037.6毫米（1964年），历年最小降水量为350.2毫米（1989年）；多年平均蒸发量1500.0毫米，年最大蒸发量为2118.6毫米（1982年）；年蒸发量大于降水量。

第二节 地表水

地表水资源量是指河流、湖泊等地表水体中由当地降水形成的可以逐年更新的动态水量。根据降水径流资料还原计算，河口区多年平均地表径流量为1.22亿立方米，在全省属水资源较贫乏地区。同时，由于土地盐碱化及河道污染，汇入河道的地表径流水质相对较差，只能部分用于农田灌溉或渔业，利用程度较低。

受自然条件限制，河口区当地水资源十分匮乏，地下水主要为苦咸水和咸水，矿化度较高，开发利用率很低。河口区唯一水源来自黄河。据1987—2001年系列资料统计，河口区年均引黄水量为1.24亿立方米。

第三节 地下水

地下水资源量是指地下水体中参与水循环且可以逐年更新的动态水量。一般指近期下垫面条件下矿化度小于2克/升的浅层地下水资源量。

由于河口区地处黄泛平原渤海之滨，在成陆过程中，一面受黄河泥沙淤淀，另一面受海水侵泽，深层土壤为含盐度很高的重盐土，致使地下水矿化度高，地下水很难利用，浅层淡水仅集中分布在黄河故道5~30米深的范围内，水量极少。

第四节 客水

由于境内特殊的自然地理位置所限，当地地表水，地下水难以利用，黄河水是当地唯一可供利用的淡水资源。由于受流域降水和引黄工程调节影响，中华人民共和国成立以后，黄河径流量发生很大变化。据统计，1951—2009年黄河利津站平均年来水量为306.9亿立方米，1964年最大为973亿立方米，1997年最小为18.6亿立方米。自1999年小浪底水库建成运用和统一调度以来，2000—2009年黄河利津站平均年来水量为140.9亿立方米。

第五节 水资源利用

可利用量 河口区水资源主要包括当地地表水、地下水、客水（黄河水）。由于地处黄泛平原渤海之滨，在成陆过程中，一面受黄河泥沙淤淀，另一面受海水侵泽，深层土壤为含盐度很高的重盐土，致使地下水矿化度高，地下水无法利用。同时，河口区土壤次生盐碱化严重，地表降水形成径流含盐量较高，基本无法利用。故河口区当地无水资源，黄河水是唯一可供利用的客水资源（表 2–1）。

水能力　河口区供水工程主要是指现有引黄工程。河口区行政区域内共有取水口 3 个，分为两大灌区，分别是王庄灌区和东水源灌区，总设计引水能力 60 立方米 / 秒。

表 2–1　河口区水资源总量及可利用量汇总表　　（单位：万立方米）

灌区名称	水平年	来水保证率（%）	当地水资源量				水资源可利用量					
			地表水	地下水	重复计算量	水资源总量	地表水	地下水	重复计算量	客水	其他	水资源可利用量
王庄灌区	多年平均		0	0	0	0	0	0	0	12181.65	0	12181.65
	平水年	50	0	0	0	0	0	0	0	16816.88	0	16816.88
	偏枯年	75	0	0	0	0	0	0	0	12031.20	0	12031.20
	枯水年	90	0	0	0	0	0	0	0	7696.88	0	7696.88
东水源灌区	多年平均		0	0	0	0	0	0	0	28119.35	0	28119.35
	平水年	50	0	0	0	0	0	0	0	42311.12	0	42311.12
	偏枯年	75	0	0	0	0	0	0	0	28864.80	0	28864.80
	枯水年	90	0	0	0	0	0	0	0	13182.12	0	13182.12
全区	多年平均		0	0	0	0	0	0	0	40301	0	40301
	平水年	50	0	0	0	0	0	0	0	59128	0	59128
	偏枯年	75	0	0	0	0	0	0	0	40896	0	40896
	枯水年	90	0	0	0	0	0	0	0	20879	0	20879

表 2–2　灌区及现状供水能力及可供水量预测表　　（单位：万立方米）

灌区名称	水平年	50%	75%	90%
王庄灌区	2008 年	16816.88	12031.2	7696.88
	2015 年	22500.88	14978.24	8149.2
	2020 年	22983.32	15460.68	8631.32
东水源灌区	2008 年	42311.12	28864.8	13182.12
	2015 年	54482.12	33135.76	11851.8
	2020 年	55766.68	34420.32	13135.68
全区	2008 年	59128	40896	20879
	2015 年	76983	48114	20000
	2019 年	78749	49880	21766

王庄二干渠自引黄闸闸后至河口泵站，全长 37.84 千米。全断面预制砼板衬砌，设计流量为 45 立方米 / 秒。王庄灌区在河口境内共计有总干渠一条，为王庄二干渠，河口境内长度 5.6 千米，流量 30 立方米 / 秒，下设二干一分干，二干二分干、二干三分干三条分干渠，长度分别为 17.2 千米、18 千米、8.4 千米，流量分别为 20 立方米 / 秒、10 立方米 / 秒、15 立方米 / 秒。控制河口区中西部街道办事处、义和镇、太平乡、新户乡 954.33 平方千米土地，主要作物为棉花、小麦、果树等。

东水源灌区是东营市北部的中型灌区，覆盖河口区中东部、济南军区生产基地和胜利油田 3 个采油厂。东水源灌区控制面积 1410.80 平方千米，干渠长度 6.5 千米，流量 30 立方米 / 秒，下设河王分干、神仙分干、孤东分干，长度分别为 21.83 千米、35.88 千米、20.05 千米，流量分别为 20 立方米 / 秒、10 立方米 / 秒、15 秒 / 秒、配套的主要干、支渠道长 112.94 千米，其中全断面衬砌渠道 6.25 千米。

可供水总量预测 根据预测，不同水平年，保证率分别为 50%、75%、90% 时，可供水总量详见预测表（表 2–2）。

第六节 水资源配置

2005 年，东水源引水灌区建成后，全区东西部水资源得以平衡。当王庄灌区利津王庄二干供水不足或缺口很大时，即启动东水源泵站，提水过永新河入王庄三分干，将水送至河口西部地带的义和、新户两镇大部。通过东水源分干渠入草桥沟，将水调节至六合、河口两街道，每年调节能力为 6000 万立方米左右。具体配置方式为，实行“先远后近、先难后易、错时供水、集中轮灌”。

先远后近 根据灌区辐射范围，自灌区末端开始灌溉，末端区块灌溉完成之后，依次向上游推进。

先难后易 根据灌区引水设施设备情况和耕地现状，优先考虑引水设施条件较差、地处偏远的区块，依次向引水设施条件好，距离水源近的区块推进。

错时供水 按照“先保生活，再保生产”的顺序和要求，先保农业急需用水，农闲季节再供油田蓄水，错开用水高峰，提高供水保证率。

集中轮灌 在引水灌溉时，有效控制节制闸、涵洞、地槽等水工建筑物。某区块集中灌溉完成后再灌溉其他区块。

第三章 水产资源

第一节 鱼类

梭鱼 近岸沿海性鱼类。喜同龄群游，生活在沿岸河口咸淡水交界处。渔期春汛为 3—6 月，秋汛为 10—12 月。梭鱼肉质鲜美，为本区主要海产品之一。入春时节捕获的鲜梭鱼被称为“开凌梭”，即指春暖冰开的第一批梭鱼。梭鱼以吞食黄河河床泥沙过滤微生物生存。每到冬季潜入深海过冬，极少进食，腹内少胆汁、杂物；一到春天2月份冰凌化开，梭鱼游到海岸边、黄河河道内进食，借此渔民捕获，故称"开凌梭"。此时的开凌梭食之既不用刮鳞，也不必刮肚，只需清水慢炖，其汤汁乳白，肉质鲜嫩，营养丰富。

青鳞鱼　俗称柳叶、青林、青皮，属温水性中上层洄游性小型鱼类。喜栖息于沿岸浅海。每年5—7月份产卵，1~2龄生长最快，体长一般为8~16厘米。

鲈鱼　俗称鲈子、寨花、花鲈，喜栖息于咸淡水交界处，亦可生活于淡水中，产卵期在9—10月。鲈鱼肉质坚实洁白、口味鲜美，营养价值高，产量居河口海区鱼类前列。

颚针鱼　俗称青条、鹤嘴鱼、针良鱼，体长一般在75~80厘米。生活在近海和河口。肉质稍带酸味，食用价值较少。

小黄鱼　俗称黄花鱼、小小黄花、小鲜、小黄瓜。属底层鱼类，体长一般为16–26厘米，体重200~ 300克。

黄骨鱼　俗称铜锣鱼、铜鱼、罗鱼、黄姑子，属暖温性近海中下层鱼类，生长快。1龄鱼体长可达24厘米，渔期在5—6月。

蓝点马鲛　俗称鲅鱼、马鲛、燕鱼，是一种洄游距离较长的中上层鱼类，一般体长为26~52厘米，大者可达1米以上。

宽体舌鳎　俗名目鱼、鳎米、舌头、鳎目、龙力、海秃、细鳞、鳎沙、鳎板、鞋底鱼、开叉鱼、左口，一般体长为25~40厘米，体重500~1500克。肉质细腻唯美。夏汛期的鱼最肥，是名贵的海洋经济鱼。

高眼鲽　俗称高眼、长脖、偏口、片口、比目、鹿茸鱼、地鱼，一般体长20厘米左右。其肉质细嫩、味道鲜美，是海洋冷水性经济鱼类。

第二节　虾蟹类

中国毛虾　俗称虾皮、水虾、小白虾，系近海产小型虾类。此类虾洄游距离短，仅随当年水温的变化往返于近岸，5月份开始产卵，12月进入越冬场，产量居虾类之首。

对虾　是一种暖水性大型洄游虾，著名的海产珍品。此类虾5月上旬开始产卵。幼虾6—7月在河口附近摄食生长，8月初体长可达8厘米，12月下旬分散越冬。

鹰爪虾　又名江虾、海皮虾、海米虾、粗皮虾。每年4月在粳口海域生殖洄游，10月下旬洄游越冬场。此类虾是加工虾米的主要原料。

三疣梭子蟹　俗称梭子蟹。它是一种暖温性大型多年生蟹类。春汛产卵群体主要为二年生个体，4—6月份近岸产卵场雌性个体占74%以上，秋汛在近海捕捞的一般为当年生补充群体。梭子蟹肉质鲜美，是河口区产量最多、个体最大的海产经济蟹类。

中华绒螯蟹　俗称毛螃蟹、河蟹。有生殖洄游性。每年秋季顺河而下，到河口区咸水与淡水交界处产卵，翌年春溯河而上，在淡水中生长，成蟹个体体重在 200 克以上。

口虾蛄 俗名皮皮虾、琵琶虾、虾爬子、虾公驼子、爬虾、东方虾蛄。味道鲜美，是沿海群众喜食的水产品。

第三节 贝类

文蛤 亦称蛤蜊，其肉鲜美，为蛤中上品。主要分布在黄河故道形成的四河以东及沿海滩涂之地。年产量 150 万~200 万千克。1992 年，成蛤大量出口韩国、日本，大部分幼蛤还运往辽宁沿海养殖。河口境内沿海的文蛤养殖创出的品牌有："入海口文蛤"和"金河口文蛤"。

毛蚶 又称毛蛤。主要分布在浅海靠河门地带，出肉率高，肉味鲜美，一般春秋两季为捕捞期。

四角蛤 喜生活于潮间带中、下区及沿海泥滩中，春秋两季采捕。

缢蛏 俗称蛏子、青子，蛏肉味道鲜美，可加工成蛏干、蛏由等。

金江牡蛎 以在淡水入海的河口生长最繁盛而得名。

红螺 又名海螺，含有丰富的蛋白质、无机盐和各种维生素。

第四章 生物资源

第一节 植物资源

河口区植物资源丰富。木本植物主要有杨、柳、槐、桐、桑、白蜡、苦楝、柽柳等。在北部治沿海主要分布野生柽柳，俗称"红荆条"。近年来，以柽柳林场为阵地，进行人工栽植柽柳。果树品种主要有：冬枣、苹果、桃、杏、梨、葡萄等。陆生草本经济植物有 125 种。按经济价值可分为饲用、药用植物、纤维植物、油料、编织、桑蚕、烤胶及化工原料等。分布较广、数量较大的是饲用植物、药用和纤维植物三大类。其中，饲用植物 85 种，隶属 22 科 85 属，其中禾本科 19 种，菊科 17 种、藜科 10 种、豆科 9 种，其余各科 1~5 种。药用植物 72 种，纤维植物 13 种，分布广、数量大的有芦苇、罗布麻。水生植物主要有蒲、藕、萍和藻类。

木本植物 全区共有木本植物 136 种，43 个变种和类型（不含盆栽花木），分属 44 科 79 属。其中针叶树种 17 种，隶属 2 科 8 属；阔叶树种 162 种（包括变种），隶属 41 科 71 属。有栽培、半栽培及野生果树 34 种，179 个品种，分属 10 科 9 属。现有木本植物中，以蔷薇科和杨柳科的种类最多，豆科和木樨科次之。常见树种以乡土树种为主，其中用材树种以刺槐、毛白杨、八里庄杨、旱柳、白榆、国槐、侧柏、臭椿、泡桐居多；经济树种以苹果、梨、枣、葡萄、桃、杏居多；灌木树种主要有柽柳、紫穗槐、杞柳、枸杞等。

表 2-3　河口区境内草本植物分布情况表

名称			生境	利用时间（月）	适口性		
科别	种别	别名			马	牛	羊
禾本科	芦苇	苇子	低洼、积水、轻度盐碱	5—10	卅	卅	卅
	獐茅	马绊草	滨海低中盐碱	4—6	廿	廿	十
	白茅	茅草	含盐量较低疏松土壤	4—10	廿	廿	廿
	狗尾草	谷莠子	农田耕地	6—9	卅	卅	卅
	马唐	蔓蔓子	农田耕地	6—10	卅	卅	卅
	稗	稗子	水沟旁、沼泽盐湿地	7—10	卅	卅	卅
	牛筋草	蟋蟀草	田边、路旁、旷野	8—9	卅	卅	卅
	拂子茅	野麦挺	滨海轻碱草地	6—9	廿	廿	廿
	狗牙根	绊根草	河滩湿地	6—9	卅	卅	卅
	虎尾草	棒垂草	耕地、路边	6—9	卅	卅	卅
豆科	野大豆	小野豆	新淤地、农闲地	7—10	卅	卅	卅
	草木樨	野苜蓿	低平湿地	6—10	廿	廿	廿
	野绿豆	胡绿豆	农田、闲地	7—10	卅	卅	卅
	刺果甘草	野大颗	海滩沙地	6—9	廿	廿	廿
	直立黄芪	沙打旺	轻度盐渍化沙质草地	6—9	十	廿	廿
菊科	苍耳	苍子颗	路沟旁荒地	6—10	十	十	十
	羊角菜	蒙古雅葱	重度盐碱化草地	4—10	0	十	廿
菌科	茵陈蒿	黑蒿	中度盐渍化草地	4—5	十	廿	廿
藜科	猪毛菜	蓬子菜	路旁含盐砂土地	6—10	0	十	十
	翅碱蓬	黄须菜	卤潮沟带、盐斑地	10—3	0	十	十
	藜	灰果	弃荒地、农田	5—10	十	十	廿
	灰绿碱蓬	卤蓬	盐渍化弃荒地	10	0	十	十
蓼科	扁蓄	竹叶草	砂滩地、轻盐渍地	6—9	卅	卅	卅
马齿苋科	马齿苋	蚂蚱菜	田间、路旁	5—9	0	十	十
萝摩科	萝摩	羊角瓢	弃荒地、河堤	6—10	0	十	十
夹竹桃科	罗布麻	茶棵子	盐碱、弃荒地	5—6	0	十	廿
蓝雪科	二色补血草	碱蔓荆	低平盐碱地	5—10	0	十	十
蒺藜科	地枣	盘山果	重度盐碱地	5—10	0	0	十
柽柳科	柽柳	荆条	低平盐碱地	5—6	0	0	十

注：“0”适口性较差；“十”适口性一般；“廿”适口性较好；“卅”适口性好

引进树种主要有绒毛白蜡、欧美杨类、苦楝、沙棘、火炬树、沙枣、花椒、文冠果、皂荚、铅笔柏、无花果等，以典型华北区系为主。

草本植物 境内采集到草本植被 93 种，分属 35 科 84 属。其中禾本科 17 种，菊科 13 种，豆科 10 种，藜科 6 种，十字花科 4 种，其他各科 1~3 种（表 2–3）。

农作物 全区农作物品种达数百种，其中主要粮食作物品种有小麦、玉米、大豆、水稻、谷子、高粱、地瓜、黍、稷、绿豆、赤豆、豇豆（有红、白、花各色）等。其中，小麦播种面积最大，各乡镇都有种植。玉米适应性较强，种植分布较广，是构成一年二作的主要下茬作物。水稻近几年发展较快，除老稻区外，又开辟了一些新稻区。大豆主要分布在太平、义和一带，是本区的第三大粮食作物。境内经济作物主要是棉花、花生，多数分布在土壤质地为沙壤、轻壤地区。另外，蓖麻、芝麻、向日葵等全区亦有零星种植。蔬菜品种较为丰富，主要有黄瓜、番茄、芹菜、辣椒、茄子、葱、蒜、白菜、马铃薯、扁豆、芸豆、韭菜、菠菜、油菜、胡萝卜、萝卜、芦笋、食用菌等。

第二节 动物资源

饲养动物 家畜有牛（渤海黑牛、黄牛）、马、驴、骡、猪、羊、兔、狗、猫、鹿、狐狸、貂等。家禽有鸡（地产鸡、引进改良鸡、乌鸡）、鸭、鹅、鸽。

野生动物 兽类以野兔分布最广。鸟类分布广、数量大的有麻雀、燕子。境内鸟类多分布在沿海、草原。昆虫类主要有七星瓢虫、草蛉、马蜂、赤眼蜂、螳螂、蝉、蝴蝶、蜻蜓、蜘蛛、蟋蟀等。爬行动物类有蛇、蜥蜴、壁虎、蝎子、蚯蚓，还有两栖动物青蛙、蟾蜍等。水生动物淡水动物有鱼、虾、螺、蛙类 50 余种。海水动物有鱼类 86 种，虾类 15 种，蟹类 22 种，贝类 44 种，环节动物（沙蚕类）30 种，大型水母 2 种。主要经济鱼类有 33 种，经济虾类有 5 种。经济蟹类主要有三疣梭子蟹。环节动物主要有双齿围沙蚕、长吻沙蚕、巢沙蚕、浅古铜吻沙蚕。水母类主要有沙蜇、面蜇 2 种。

哺乳纲动物 通过调查、考证，结合文献资料，认定河口区哺乳纲动物共有 25 种，分属 7 目，15 科。其中有 5 种海洋兽类为国家二级保护动物，即伪虎鲸、海豹、小须鲸、江豚、宽吻海豚；有 6 种为省级保护动物，即麝鼹、赤狐、黄鼬、艾鼬、狗獾、豹猫。

两栖纲动物 本区有 6 种，分属 1 目 3 科 3 属，即无尾目蛙科的泽蛙、黑斑蛙、金线蛙，蟾蜍科的中华大蟾蜍、花背蟾蜍、姬蛙科的北方狭口蛙。

爬行纲动物 境内有 10 种，分属 3 目 6 科 6 属。即龟鳖目有龟科的乌龟，鳖科的鳖和棱皮龟科的棱皮龟三种，其中棱皮龟属于国家重点保护二级动物，被列入《濒危动植物种国际贸易公约》；蜥蜴目有壁虎科的无蹼壁虎和蜥蜴科的丽斑麻蜥两种；蛇目游蛇科有黄脊游蛇、赤链蛇、白条锦蛇、红点绵蛇和虎斑游蛇 5 种。

鸟纲动物 境内共有鸟类动物 265 种和 12 个亚种，占全国鸟类总种数的 22.3%，分属 17 目 47 科 132 属。属于国家重点保护一级动物的有 7 种，即白鹳、中华秋沙鸭、白尾海雕、金雕、丹顶鹤、白头鹤和大鸨。属于国家重点保护二级动物的有 33 种。被列入《濒危动植物种国际贸易公约》的有 40 种。在《中日保护候鸟及其栖息环境的协定》中，保护鸟类有 152 种，占全部种数（227 种）的 67.0%；在《中澳保护候鸟及其栖息环境的协定》中，属于保护的鸟类有 51 种，占总种数（81 种）的 63.0%。类从季节居留型来看，有留鸟 32 种，夏侯鸟 63 种，冬候鸟 28 种，旅鸟 142 种。按其生活习性及分布可分为游禽、涉禽、猛禽、陆禽、攀禽和鸣禽 6 种。

游禽：共 4 目 48 种。游禽善于游泳、潜水，喜欢在水上生活。主要分布在海面、河面及大水库等处。主要包括鹈鹕目、鹈形目、雁形目和鸥形目鸟类。*涉禽*：共 3 目 67 种。涉禽不会游泳，其嘴、颈、腿都较细长，适于涉水行走，从水下或地面取食。主要分布在沿海、黄河故道及其水库等靠近水边的漫滩地。主要有鹳形目、鹤形目和鸻形目鸟类，主要种类有鹭科的苍鹭、白鹭；鸭科的灰雁、大天鹅；鹤科的白头鹤、灰鹤等。*猛禽*：有 16 种，为隼形目鸟类。其嘴、爪弯曲，锐利，翅膀强大有力，主要在沼泽、水域和草场觅食。*攀禽*：其嘴、脚、尾的构造都很特殊，善于在树枝上攀援生活。*陆禽*：体格结实，脚、爪有力，善于奔跑。*鸣禽*：体态轻捷，活动灵便，擅长鸣叫，巧于筑巢。攀禽与鸣禽是与林木有密切关系的两类鸟类，在消灭害虫，保护树木方面发挥了重要作用。

第五章　林业资源

第一节　树　种

在全国的植被区划上，河口区属于暖温带落叶阔叶区域，暖温带北部落叶栎林亚地带，黄河、海河平原栽培植被区。河口区土地、气候等自然条件能满足多种木本植物的生长、发育需要。本区常见的栽培或野生木本植物 80 余种或变种、类型，隶属 35 科以上。杨柳科有杨属、柳属，杨属有毛白杨、八里庄杨、欧美杨、加杨等；柳属有旱柳、垂柳、龙爪柳、杞柳、金丝柳、竹柳等。蔷薇科有 5 个属，梨属有梨、杜梨等；苹果属有苹果、海棠、花红等；蔷薇属有蔷薇、月季；李属有桃、杏、李、紫叶李等；山楂属有山楂。蝶形花科有 3 个属，槐属有国槐、垂槐、龙爪槐等；刺槐属有刺槐、毛刺槐（红花刺槐）、香花槐等；紫穗槐属有紫穗槐等。木樨科有 3 个属，白蜡属有白蜡、小叶白蜡、大叶白蜡、绒毛白蜡等；连翘属有连翘、女贞、金叶女贞等；丁香属有紫丁香等。榆科有 1 个属，即榆属的白榆。桑科有桑、构树、无花果、扶桑等。杜仲科有 1 个属，即杜仲属的杜仲。含羞草科有 1 个属，即合欢属中的合欢。蒺藜科有 1 个属，即白刺属中的白刺（地枣）。苦木科，有臭椿。楝科有 2 个属，苦楝属的苦楝；香椿属的香椿。黄杨科有 1 个属，即黄杨属的大叶黄杨（冬青）、小叶黄杨等。葡萄科有 1 个属，即葡萄属的葡萄。锦葵科有 1 个属，即木锦属的木锦。柽柳科有 1 个属，即柽柳属的中国柽柳。胡颓子科有 1 个属，即胡颓子属的沙棘、沙枣等。千屈菜科有 1 个属，即紫薇属的紫薇。茄科有 1 个属，即枸杞属的枸杞。玄参科有 1 个属，即泡桐属的泡桐。豆科有 1 个属，即紫荆属的紫荆。苏木科有 1 个属，即皂荚。悬铃木科有 1 个属，即悬铃木。梧桐科有 1 个属，即梧桐。芸香科有 1 个属，即花椒。五患子科有 1 个属，即栾树。漆树科有 2 个属，漆树属的漆树；盐肤木属的火炬树等。银杏科有 1 个属，即银杏属的银杏。石榴科的石榴、矮化石榴等。鼠李科有 2 个属，枣属的冬枣、金丝小枣、圆铃枣等；酸枣属的酸枣等。柏科有侧柏、龙柏、洒金柏、蜀桧等。松科有雪松。柿树科有柿树、君迁子等。杉科有南洋杉、云杉等。小檗科有紫叶小檗。

第二节 林地分布

自 20 世纪 80—90 年代开始，在东部黄河故道上采用植苗与直播造林相结合的方法，大力发展刺槐林，面积达到 10000 公顷以上，成为我国华东地区最大的人工刺槐林。进入 21 世纪后，河口区大规模种植冬枣，形成了一大产业。到 2009 年底全区冬枣园面积达到 10 844 公顷。随着路域及城镇绿化快速发展，白蜡已成为绿色通道建设和城镇绿化的主要树种。从 2003 年开始，发展以杨树为主的速生丰产林（造纸林）。2006 年在北京林业大学引入香花槐良种，主要用于景观绿化，在河口办事处建设香花槐优良苗圃 10 公顷。2008 年在北京引入竹柳良种，迅速在全区范围内大力推广，全区建设竹柳苗圃 400 余公顷。另外，在沿海分布着大量的柽柳林。截至 2009 年底，河口区林业用地面积达到 38921 公顷，森林面积为 7548 公顷，灌木林（以柽柳为主）为 22525 公顷，林木覆盖率达到 14.6%。

第六章 畜牧资源

第一节 饲 草

河口区计有草原面积 19.77 万公顷，其中天然草场为 9.77 万公顷，可利用草原面积为 8 万公顷，占东营市可利用草原面积的 58%。境内人均占有 0.94 公顷（14.1 亩），居全省首位，也是山东省草原连片面积最大的地区。滩涂草原为 10.0 万公顷。境内集中分布在东、西两个区域。东区集中分布于仙河镇以北、桩埕公路两侧、孤北水库周围；西区集中分布于北部沿海区域。面积达 3333.33 公顷以上的草场有 9 处，666.67~3333.33 公顷的草场有 15 处。

第二节 草地类型

河口区草地类型以滨海滩涂草甸草场类和平原草甸草场类为主，天然植被以芦苇、白茅等优势种群为主，牧草 85 种，隶属 22 科 66 属。有饲用价值的牧草 57 种，其中饲用价值较高的优质牧草 8 种，占植物总数的 55%。其中以芦苇为主的草原 4.6 万公顷，以白茅为主的草 1.87 万公顷。其他以野大豆、翅碱蓬、碱蓬、蒿类、草木樨等为主的杂草类草场 1.53 万公顷。

第三篇

农村经济运行体制

NONG CUN JING JI YUN XING TI ZHI

第一章　农村经济体制改革

第一节　政策背景

2010 年，是实施“十一五”规划的最后一年，是夺取应对国际金融危机冲击新胜利、保持经济平稳较快发展的关键一年。做好农业农村工作，关系全局、意义重大。要全面贯彻党的“十七大”和十七届三中、四中全会以及中央经济工作会议精神，高举中国特色社会主义伟大旗帜，以邓小平理论和“三个代表”重要思想为指导，深入贯彻落实科学发展观，把统筹城乡发展作为全面建设小康社会的根本要求，把改善农村民生作为调整国民收入分配格局的重要内容，把扩大农村需求作为拉动内需的关键举措，把发展现代农业作为转变经济发展方式的重大任务，把建设社会主义新农村和推进城镇化作为保持经济平稳较快发展的持久动力，按照稳粮保供给、增收惠民生、改革促统筹、强基增后劲的基本思路，毫不松懈地抓好“三农”工作，继续为改革发展稳定大局做出新的贡献。

2010 年 1 月 31 日文件《中共中央国务院关于加大统筹城乡发展力度进一步夯实农业农村发展基础的若干意见》在保持政策连续性、稳定性的基础上，进一步完善、强化“三农”工作的好政策，提出了一系列新的重大原则和措施：对“三农”投入首次强调“总量持续增加、比例稳步提高”，这一要求不仅确保“三农”资金投入的总量，更确定了比例要稳步提高。首次提出要在 3 年内消除基础金融服务空白乡镇；拓展了农业发展银行支农领域，政策性资金将有更大的“三农”舞台。大幅度提高家电下乡产品的最高限价，允许各地根据实际增选一个品种纳入补贴范围，补贴对象也扩大到国有农林场区职工。增加产粮大县奖励补助资金，提高产粮大县人均财力水平，这将有利于提高我国 800 个产粮大县的种粮积极性，维护我国粮食安全。

2011 年 1 月 29 日发布的《中共中央国务院关于加快水利改革发展的决定》，是 21 世纪以来中央关注“三农”的第八个“一号文件”，也是中华人民共和国成立 62 年来中央文件首次对水利工作进行全面部署。

2012 年 2 月 1 日发布的《关于加快推进农业科技创新持续增强农产品供给保障能力的若干意见》，是 21 世纪以来指导“三农”工作的第 9 个中央一号文件。一号文件突出强调部署农业科技创新，把推进农业科技创新作为“三农”工作的重点。2013 年 1 月 31 日，2013 年中央一号文件，《中共中央、国务院关于加快发展现代农业,进一步增强农村发展活力的若干意见》，一号文件连续第十年聚焦“三农”。

2014 年 1 月 19 日，新华社受权发布《关于全面深化农村改革加快推进农业现代化的若干意见》，全文约 10000 字，共分 8 个部分 33 条，包括：完善国家粮食安全保障体系；强化农业支持保护制度；建立农业可持续发展长效机制；深化农村土地制度改革；构建新型农业经营体系；加快农村金融制度创新；健全城乡发展一体化体制机制；改善乡村治理机制。

2015年2月2日，中共中央、国务院近日印发了《关于加大改革创新力度加快农业现代化建设的若干意见》，全文约12000字，共涉及五大方面，一是围绕建设现代农业，加快转变农业发展方式；二是围绕促进农民增收，加大惠农政策力度；三是围绕城乡发展一体化，深入推进新农村建设；四是围绕增添农村发展活力，全面深化农村改革；五是围绕做好"三农"工作，加强农村法治建设。

2016年1月27日，2016年中央一号文件《关于落实发展新理念加快农业现代化实现全面小康目标的若干意见》公布，全文约15000字，共分6个部分30条，包括：持续夯实现代农业基础，提高农业质量效益和竞争力；加强资源保护和生态修复，推动农业绿色发展；推进农村产业融合，促进农民收入持续较快增长；推动城乡协调发展，提高新农村建设水平；深入推进农村改革，增强农村发展内生动力；加强和改善党对"三农"工作指导。

2017年2月5日，2017年中央一号文件《中共中央、国务院关于深入推进农业供给侧结构性改革加快培育农业农村发展新动能的若干意见》，全文约13000字，共分6个部分33条，包括：优化产品产业结构，着力推进农业提质增效；推行绿色生产方式，增强农业可持续发展能力；壮大新产业新业态，拓展农业产业链价值链；强化科技创新驱动，引领现代农业加快发展；补齐农业农村短板，夯实农村共享发展基础；加大农村改革力度，激活农业农村内生发展动力。

2018年2月4日，2018年中央一号文件《关于实施乡村振兴战略的意见》，全文约16000字，共分12个部分49条，包括：提升农业发展质量，培育乡村发展新动能；推进乡村绿色发展，打造人与自然和谐共生发展新格局；繁荣兴盛农村文化，焕发乡风文明新气象；加强农村基层基础工作，构建乡村治理新体系；提高农村民生保障水平，塑造美丽乡村新风貌；打好精准脱贫攻坚战，增强贫困群众获得感；推进体制机制创新，强化乡村振兴制度性供给；汇聚全社会力量，强化乡村振兴人才支撑；开拓投融资渠道，强化乡村振兴投入保障等内容。

第二节　农村土地制度改革

2009年，山东省农业厅、山东省工商行政管理局印发《农村土地承包经营权流转合同示范文本》。2009年6月27日中华人民共和国主席令第十四号公布，《中华人民共和国农村土地承包经营纠纷调解仲裁法》，2010年1月1日起实施。至2018年，是河口区土地承包管理深化改革的一个时期。这一时期，河口区认真贯彻《农村土地承包法》和《山东省实施〈中华人民共和国农村土地承包法〉办法》，继续做好稳定和完善农村土地承包经营制度工作。这个时期，河口区农村土地承包出现了新老矛盾并发、新旧问题交织的复杂情况，土地承包和占地纠纷急剧上升。于是各级领导把遏止土地承包纠纷上升势头、全力维护农民土地承包经营权益为工作重点，以法律为武器，加大推进农村土地承包工作规范化、制度化建设，为土地管理经营者创造良好的法治环境、制度环境、社会环境。首先是加大对《农村土地承包法》及《山东省实施〈农村土地承包法〉办法》的宣传。其次是认真抓好各项土地承包政策的落实。针对部分乡、村存在的承包问题，按照既依法办事，又切实可行的原则，对落实土地承包法政策不到位的村进行稳妥处理，并要求有关乡、村按照《农村土地承包法》，结合农作物换茬时机，制订方案，确保政策落实到位。同时规范农村土地承包经营流转，使其在稳定家庭承包经营制度的前提下，按照依法、自愿、有偿的原则进行流转。再就是做好农村土地承包信访案件的查处工作。为及时查处信访案件，建立健全了信访接待、查处等方面的各项制度，严格实行首问负责制。

2009 年，河口区基本建立起农村土地承包纠纷调解仲裁网络，各乡镇、街道普遍成立农村土地承包纠纷调解委员会，区成立农村土地承包纠纷调解委员会，并组建农村土地承包纠纷仲裁庭。为强化农村土地承包经营权流转管理，按照农业部（现为农业农村部）下发的《农村土地承包经营权流转管理办法》和山东省的有关规定，为农民自愿、依法流转承包地提供规范管理和有效服务。全区筹建农村土地承包经营权流转服务大厅，在各乡、镇相继组建农村土地承包经营权流转服务大厅。

按照农业部下发的《农村土地承包经营权流转管理办法》和山东省政府办公厅《关于做好农村土地承包经营权证换发补发工作的通知》文件精神，使换、补发农村土地承包经营权证工作稳步有序进行。制定《河口区农村土地承包经营权证换、补发工作实施方案》，确保这一农村新政的全面落实。截至 2010 年 3 月底，河口区共有农业户 22953 户，进行土地流转的 1517 户，占农业户总数的 6.6%，流转土地面积 0.87 万亩。主要形式为：转包的 921 户，面积 0.49 万亩，占流转总面积的 55.9%；转让的 0.046 万亩，占流转总面积的 5%；互换的有 340 户，面积 0.20 万亩，占流转总面积的 23.2%；出租的 179 户，面积 0.14 万亩，占流转总面积的 15.7%。

2010 年，河口区认真抓好各项土地承包政策的落实，针对部分镇（街道）、村存在承包管理中心存在的问题，按照既依法办事，又切实可行的原则，对落实土地承包法政策不到位的村进行了稳妥处理，并要求有关镇（街道）、村按照《农村土地承包法》，结合农作物换茬时机，制订方案，确保政策落实到位。同时规范农村土地承包经营流转，使其在稳定家庭承包经营制度的前提下，按照依法、自愿、有偿的原则进行流转。扎实做好农村土地承包信访案件的查处工作。为及时查处信访案件，建立健全了信访接待、查处等方面的各项制度，严格实行首长负责制。是年共办理土地承包信访案件 7 起（义和镇薄家村、西河村、同合村，河口街道八吕村、四扣村，新户镇的东六合村、南李村）。同时，基本建立起农村土地承包纠纷调解仲裁网络，各镇、街道普遍成立农村土地承包纠纷调解委员会，区里成立农村土地承包纠纷调解委员会并组建农村土地承包纠纷仲裁庭。强化农村土地承包经营权流转管理，按照农业部下发的《农村土地承包经营权流转管理办法》和山东省的有关规定，为农民自愿、依法流转承包地提供了规范管理和有效服务。全区流转土地 0.88 万亩，占农村家庭承包土地面积的 5.5%，涉及 75 个村，1517 户。

自此开始，土地流转经营在河口区形成三种形式：一是地块转包式，农户将集体所有土地或自己连片的土地转包给种植大户或农业企业经营；二是地块互换式，在规划土地连片的规模经营流转中，将自愿放弃种地的农户与不愿放弃种地的农户的土地进行互换，实现连片经营的；三是托管发包式，农民经土地拟流转信息及时登记到流转服务中心，由区、乡镇（街道）土地流转服务中心进行适当整合包装统一分批流转给种植大户或农业企业经营。至此土地流转经营成为河口区一种成熟模式固定下来，并且随着经营方式的深入改革不断完善。

2011 年，加强土地承包经营权流转管理，探索建立“政府搭台、群众参与、市场运作、统一监管”的土地流转新模式，建成区乡土地流转服务中心 6 个，实施土地流转 3.6 万亩，其中耕地流转 1.3 万亩。

2012 年，河口区按照农业部下发的《农村土地承包经营权流转管理办法》和山东省的有关规定，为农民自愿、依法流转承包地提供规范管理和有效服务。借鉴滕州经验，在 4 个农业乡镇建立农村土地承包经营权流转服务大厅，区成立农村土地承包经营权流转服务中心。服务中心加强调研，探索今后土地流转去向规律，为领导决策提供真实资料。5 月会同区政府调研室一起到镇、街对全区农村土地流转情况进行专题调研，并对下步如何推进土地流转促进规模经营进行认真思考，写出调研报告，以《河口政务工作》的形式全文刊登。通过调研发现，河口区土地流转出现流转形式多样、流转规模扩大、流转主体多元的特点。土地流转面积为 30764 亩，其中：转包面积为 1.5 万亩，占流转面积的 48.9%；出租面积为 1.37 万亩，占流转面积的 44.7%；转让面积为 0.1 万亩，占流转面积的 3.2%；互换面积为 0.05 万亩，占流转面积的 1.6%；其他形式流转为 0.05 万亩，占流转面积的 1.6%。

2013 年，河口区加大宣传力度，提高农民对流转土地增加收入的认识。运用各种宣传媒介和宣传形式，大力宣传有关土地流转的法律法规，让农民充分了解政策，消除顾虑，放心流转。让基层干部群众认识到，土地不仅仅是农民就业和生存的手段，更是一笔庞大的资产，加快土地流转正是合理利用这一资产、增加收入的有效途径。是年开始，河口区加大工作力度，加强工作调研，每年开展农村土地承包经营权流转工作。一是加大宣传力度，提高农民对流转土地增加收入的认识。运用各种宣传媒介和宣传形式，宣传有关土地流转的法律法规，让农民充分了解政策，消除顾虑，放心流转。二是加强调研，探索今后土地流转去向规律，为领导决策提供真实资料。为摸清河口区土地流转情况，对全区农村土地流转情况进行专题调研，并对下步如何推进土地流转促进规模经营进行认真思考。通过调研发现河口区土地流转出现的流转形式多样、流转规模扩大、流转主体多元的特点。在稳定家庭承包经营制度的基础上，遵循“依法、自愿、有偿”原则，推进农村土地承包经营权的流转工作。是年，河口区土地流转面积为 7.23 万亩，其中：转包面积为 2.06 万亩，占流转面积的 28.5%；出租面积为 4.87 万亩，占流转面积的 67.2%；转让面积为 0.14 万亩，占流转面积的 2%；互换面积为 0.17 万亩，占流转面积的 2.3%。到 2014 年，河口区土地流转面积为 11.59 万亩。2015 年，土地流转面积为 14.06 万亩。

2016 年，首先是在稳定家庭承包经营制度的基础上，遵循依法、自愿、有偿的原则，积极推进农村土地承包经营权流转，全区农村土地流转总面积达到 14.06 万亩，土地流转形式多样，采取转包、出租、互换等方式进行，其中以出租流转为主。转包面积为 3.77 万亩、出租面积为 10.12 万亩、转让面积为 0.1 万亩、互换面积为 0.07 万亩，涉及农户 13060 户。其次是开展土地流转风险调控及价格情况调查，了解全区流转入企业、家庭农场、合作社、种植大户的土地流转价格大部分是每亩 350 元，最高的每亩 600 元，全区土地流转价格平均在 375 元左右。出现土地流转纠纷 1 件，涉及土地面积 0.26 万亩，农户 475 户。

2017 年和 2018 年，河口区对 11 家农业企业，20 户家庭农场，7 家合作社，20 个专业大户等 58 家新型农业经营主体颁发了农村土地经营权证，涉及土地 8.94 万亩，颁发经营权证 67 本。全区农村土地流转面积达到 15 万余亩。

第三节　三权分置

农村土地“三权分置”改革，是指将联产承包责任制中的土地由集体拥有所有权和农户拥有承包经营权的“两权分离”模式，改为集体拥有所有权、农户有承包权和经营者有经营权的三权分置模式。

政策背景　2013 年 7 月，习近平总书记在湖北考察时指出，深化农村改革完善农村基本经营制度，要好好研究土地所有权、承包权、经营权三者之间的关系。是年底，召开的中央农村工作会议提出，顺应农民保留土地承包权流转土地经营权的意愿，把农民土地承包经营权分割为承包权和经营权，实现承包权和经营权分置并行。其后中央多次发布文件，强调在稳定农村集体所有权的基础上，严格保护农户承包权，加快放活土地经营权，逐步完善“三权”关系，形成层次分明、结构合理、平等保护的格局。

2014 年 11 月，中共中央办公厅、国务院办公厅在《关于引导农村土地经营权有序流转发展农业适度规模经营的意见》文件中，中央政府首次提出了农村土地权能的“三权分置”，即将土地权能分为土地所有权、土地承包权和土地经营权。《中共中央国务院关于实施乡村振兴战略的意见》指出，完善农村承包地“三权分置”制度。至此，加快农村土地“三权分置”改革，成为各级地方政府和农业部门的重中之重。

经营权证换发补发　2009 年，河口区开展农村土地承包经营权证换发补发工作。制订《河口区农村土地承包经营权证换、补发工作实施方案》。对各村土地承包经营情况进行调查摸底。对 5 个农业乡镇（街道）171 个村进行汇总分类，全区一类村 75 个，占总村数的 43.86%；二类村 56 个，占总村数的 32.75%；三类村 40 个，占总村数的 23.39%。一类村所占比例较大。为全面开展换、补发农村土地承包经营权证工作，印发《河口区农村土地承包经营权证换、补发工作试点方案》，下发《关于换发、补发农村土地承包经营权证试点工作的通知》，对农户承包耕地的基本情况进行逐项核实统计，全面完成全区 10% 的村的试点工作。

2010 年，认真贯彻落实省政府办公厅《关于做好农村土地承包经营权证换发补发工作的通知》文件精神，使换、补发农村土地承包经营权证工作稳步有序进行，精心组织，周密安排，与林权制度改革结合。对各村土地承包经营情况进行调查摸底。对农户承包耕地的基本情况进行逐项核实统计，张榜公布，做到“权属合法、面积准确、界址清楚”，依法逐户登记。在清查工作中，认真分析存在的问题及可能引发的矛盾，并妥善解决。对权属不清的地块依法确认权属；对承包耕地存在证、地不符以及实际面积不实需要变更的，及时变更。

2011 年，印发《河口区农村土地承包经营权证换、补发工作试点方案》，下发《关于换发、补发农村土地承包经营权证试点工作的通知》，对农户承包耕地的基本情况进行逐项核实统计，张榜公布，做到“权属合法、面积准确、界址清楚”，依法逐户登记。

2015年，河口区开展农村土地确权登记颁证工作，按照上年安排，11月全面铺开。区政府与各镇街分别签订目标责任书。在加强宣传、调查摸底和外出参观学习、举办培训班的基础上，确定“试点村先行试点创路子，一类村、二类村、三类村层层压茬进行，三类村重点突破不拖后腿”的工作思路。确权颁证工作严格按照调查摸底、测绘公示、合同签订、建立登记簿、经营权证发放等“四公示、两到户”工作流程和有关法律法规及上级政策要求开展工作。通过采取有力的工作措施，列入颁证范围的170个村，全部按时完成确权颁证任务,顺利通过市级验收。土地承包经营权确权登记颁证工作情况。

2015年，河口区召开农村集体土地承包经营权确权登记颁证及农村土地经营权证颁发工作会议，对工作进行安排部署，并印发《河口区农村集体土地承包经营权确权登记颁证工作方案》和《河口区农村土地经营权证颁发工作方案》。对农村集体土地承包和土地流转合同档案资料进行调查摸底，对农村集体土地承包合同及流转合同起止期限、面积、公证（见证、鉴证）情况等进行翔实登记，根据摸底情况有针对地开展工作，加快颁证步伐，对需要颁证的合同出具鉴证书。为把土地经营权颁证工作常规化，经区政府同意刻制“东营市河口区人民政府农村土地经营权证专用章”印章一枚，用于农村土地经营权证发放、登记、变更等工作，有关资料整改补充完善后于近期将经营权证书发放到经营主体手中。

河口区列入确权颁证范围的村的170个村，确权面积23.72万亩，确权户数24872户。一是建立区级农村土地承包信息数据库。二是根据省确权登记颁证成果检查验收实施办法要求，对确权登记颁证工作进行自查。三是联合区档案局对区及镇街业务人员就土地确权档案整理进行培训，按照国家档案管理办法的要求，对文件资料进行收集整理并归档保管。11月,河口区确权颁证工作通过市级验收。

2016年，根据《河口区农村集体土地承包经营权确权登记颁证工作方案》要求，对农村集体土地承包和土地流转合同档案资料进行调查摸底,涉及新户镇、河口街道、六合街道3个镇街，土地面积1.22万亩，现土地测绘工作已完成，正在核实有关数据及资料。结合抵押贷款试点工作的开展，按照《河口区农村土地经营权证颁发工作方案》和市有关文件要求，经过农业经营主体申请、镇街初审、区农业局复审等程序，并对经营主体申报的资料多次核实。对7家农业企业、11户家庭农场、6家合作社、5个专业大户共29家经营主体，颁发农村土地经营权证，涉及土地58572.43亩，颁发经营权证35本。

2017年，全区170个村全部完成确权颁证工作，确权面积23.7万亩，涉及农户2.4万户。全区有50家经营主体成功申领了农村土地经营权证，涉及土地8.8万亩。

2018年，落实“三权分置”制度，完成确权面积25.06万亩，涉及170个村，63家经营主体成功申领了农村土地经营权证。60家经营主体成功申领了农村土地经营权证，涉及土地9万亩。2018年底，河口区农村土地确权登记颁证试点工作全部完成。

经营权流转 2018年，以区、镇、街道农经部门为依托，建成“一站式”服务大厅配备大型电子显示屏等设备，设有信息采集、验证审核、信息发布、咨询洽谈、合同监管等服务窗口。搭建政府信息信息网络平台，土地流转全部实现信息化。制定《农村承包经营流转管理暂行办法》《农村土地流转服务中心岗位目标责任制》《农村土地承包经营权流转办理程序》《农村土地承包纠纷仲裁办法》等一系列制度和办法，使农村这一新的改革进一步深入。全区及各镇、街道筹建的农村土地承包经营权流转服务大厅全部运营，东营市在河口区的土地流转现场会成功召开。

2012 年，河口区强化农村土地承包经营权流转管理，按照农业部下发的《农村土地承包经营权流转管理办法》和山东省的有关规定，为农民自愿、依法流转承包地提供规范管理和有效服务，新增土地流转面积 4.7 万亩。

三权分置 2015 年开始，河口区实施农村土地经营“三权分置”。三权分置是继家庭联产承包责任制后农村改革又一重大制度创新，是农村基本经营制度的自我完善，也是符合生产关系适用生产力发展的客观规律。“三权分置”有利于土地产权的明晰，维护农民集体、承包户和经营主体的权益，有利于促进土地资源合理利用，构建新型农业经营体系，发展多种形式适度规模经营，提高土地产出率、劳动生产率和资源利用率，推动现代农业发展。一是宅基地的使用权可以抵押、流转，部分家有农房闲置的农户可以获得收益，有需求的单位或个人也是能满足自己的需求；二是符合规划和用途管制的农村经营性建设用地可以入市。

提及的三权分置思想是指形成所有权、承包权和经营权三权的分置，其中实施的重点是经营权，其核心要义则是赋予经营权法律地位和权能，不管是在更为有效的保障农村集体经济组织和承包农户的合法权益，还是现代农业的发展都是大有裨益的。

村土地“三权分置”其重大创新是将所有权、承包权、经营权三权分置，所有权归集体，承包权归农户，经营权可流转，在农民无失地之忧的前提下实现耕地流转，这样既能保障农民利益，又有利于发展适度规模经营。

2016 年，中共中央国务院办公厅印发《关于完善农村土地所有权承包权经营权分置办法的意见》，这是继家庭承包制后农村改革的又一重大制度创新，这是中央在深化农村改革中作出的一项重大决策，进一步确立集体对土地的所有权，稳定农民对土地的承包权，让经营权能够顺畅流动起来，满足了农业新型经营主体对土地生产要素的需求，同时让农民通过经营权的流转，能够从承包地中获得更多的收益。

2017 年 12 月 30 日，中共山东省委办公厅 、山东省人民政府办公厅印发《关于完善农村土地所有权承包权经营权分置办法的实施意见》的通知（鲁办发〔2017〕59 号）。明确指出：近年来，伴随着山东省新型工业化、信息化、城镇化、农业现代化进程的不断加快，大量农村人口转移到城镇，到二三产业就业，相当一部分农户将承包地流转出去，不再直接从事农业生产，土地承包权与经营权分离、承包主体与经营主体分离的现象越来越普遍。为顺应农户保留土地承包权、流转土地经营权的意愿，中央提出将土地承包经营权分为承包权和经营权，实行所有权、承包权、经营权（以下简称“三权”）分置并行。这是农村基本经营制度的自我完善，是继家庭联产承包责任制后农村改革的又一重大制度创新，符合生产关系适应生产力发展的客观规律。实行“三权”分置，妥善处理“三权”相互关系，有利于实现好、维护好、发展好农民集体和承包农户、经营主体的权益；有利于促进土地资源合理利用，构建新型农业经营体系，发展多种形式适度规模经营，提高农业生产效率；有利于推进农业供给侧结构性改革，加快培育和形成农业农村发展新动能，为山东省实现创新发展、持续发展、领先发展奠定基础。

2018 年 7 月 23 日，东营市委办公室下发《关于完善农村土地所有权承包权经营权分置办法的实施意见》的通知（东办发〔2018〕20 号），对农村土地经营管理的“三权分置”都做出明确规定和实施方案。是年 8 月开始，河口区贯彻落实省市各级安排部署，开展土地确权登记颁证工作。11 月 30 日，中共河口区委办公室、河口区人民政府办公室印发《关于完善农村土地所有权承包权经营权分置办法的实施意见》的通知（东河办发〔2018〕40 号）在新户镇、义和镇、河口街道、六合街道 4 个镇街各选择 3 个村，共 12 个村进行先行试点，11 月除试点村外的 159 个村全面铺开。

第四节　信访处置

2009 年，河口区建立健全信访接待、查处等方面的各项制度，严格实行首长负责制。建立起农村土地承包纠纷调解仲裁网络，各镇、街道普遍成立农村土地承包纠纷调解委员会。全年共办理土地承包信访案件 3 起，没有出现被省、市通报的案件，处结率 100%。

2010 年共办理土地承包信访案件 4 起，没有出现被省、市通报的案件，处结率 100%。

2011 年，河口区建立健全信访接待、查处等方面的各项制度，严格实行首长负责制。2011 年共办理土地承包信访案件 3 起，无被省、市通报案件，处结率 100%。

2013 年，河口区建立健全信访接待、查处等方面的各项制度，严格实行首长负责制。在保证不发生土地承包信访案件，无被省、市通报案件的基础上，基本建立起农村土地承包纠纷调解仲裁网络，各镇、街道普遍成立农村土地承包纠纷调解委员会。

第五节　农村基本经营制度改革

基本经营制度　改革的任务包括：一是农村土地承包经营制度；二是农村财务和农民负担管理，重点规范“一事一议”筹资筹劳制度和水费管理；三是对开展农业政策性保险进行试点，鼓励各级探索建立多形式经营、多渠道支持的农业保险体系；四是落实最严格的耕地保护制度。

土地承包经营制度　2009 年，完善农村土地承包经营制度，出台《河口区农村土地承包经营权流转管理暂行办法》。保障农民在承包期内的土地关系长期稳定；规范农村土地承包经营权流转，出台《河口区农村土地承包经营权流转管理暂行办法》，健全土地流转市场和运行机制，引导土地经营向规模化、集约化方向发展；搞好农村土地承包合同管理工作，实行承包合同统一管理，按照规范模式录入微机，对土地承包、土地流转、合同转让实行动态管理。2010 年，落实农村土地政策，做好第二轮农村承包土地经营权证换发补发工作。

农民费用制度　2010 年，河口区加大对农业农村的资金支持力度，开展玉米、棉花等农业政策性保险工作。严格农民负担监管，实现农民负担切实减轻不反弹。全区面向农民的收费只有新型农村合作医疗费个人承担部分和水费两项。新型农村合作医疗费用按上级规定每人每年交纳30元；生产性水费最高收费计量每人每年不超过30元，其余部分由区乡两级政府予以补贴。

村级财务管理制度　2014年，河口区强化农村“三资”精细化管理，加强村级财务审计工作。开展村财区审工作，组织各镇街开展干部任期和离任经济责任审计，覆盖全区176个村。加强对村两委换届前后农村“三资”的监管，促进村两委换届选举工作的顺利进行。加强村级集体经济组织票据规范化管理。开展村级事务公开专项整治工作，结合党的群众路线教育实践活动，制定下发《河口区村级事务公开专项整治工作方案》，强化监督，建章立制，对全区176个村财务收支情况、债权债务及村干部报酬等重大事项，及时公开公示。至此，河口区农村基本经营制度基本固定下来，并形成一种长效机制。

第六节　承包土地经营权抵押

政策背景　2015年12月27日，全国人民代表大会常务委员会第十二届全国人民代表大会常务委员会第十八次会议通过《关于授权国务院在北京市大兴区等232个试点县（市、区）、天津市蓟县等59个试点县（市、区）行政区域分别暂时调整实施有关法律规定的决定》。北京市大兴区等232个试点县（市、区）、天津市蓟县等59个县为农村承包土地的经营权抵押贷款试点县（区）山东省东营市河口区列入其中。

2016年4月27日，山东省人民政府“鲁政字（2016）94号”文件予以批复。

2017年12月27日全国人民代表大会常务委员会第十二届全国人民代表大会常务委员会第三十一次会议通过《关于延长授权国务院在北京市大兴区等二百三十二个试点县（市、区）、天津市蓟州区等五十九个试点县（市、区）行政区域分别暂时调整实施有关法律规定期限的决定》。

抵押试点　2015年12月27日，河口区被确定为全国232个、全省10个农村承包土地的经营权抵押贷款试点县区之一。到2016年9月底，农村土地确权颁证工作圆满完成。全区涉及170个村，确权23.72万亩，颁证率100%。全区农村土地流转总面积14.06万亩，占耕地总面积的23.8%。加大对农村新型经营主体承包土地的经营权证颁发力度，鼓励新型经营主体对通过合法流转方式取得的农村承包土地的经营权进行申领经营权证。24家经营主体申领了农村土地经营权证，涉及土地5.6万亩。申领土地经营权证及贷款意向的新型经营主体合计37家，其中未申领土地经营权证24家，已申领13家，贷款需求合计4440万元。到2018年，全区共完成农村产权交易58笔，交易金额5210万元；累计发放“农地”抵押贷款706笔，累放金额4.2亿元。

工作推进　到2016年底，境内4家银行机构已开办此类贷款业务，河口区农村承包土地的经营权抵押贷款余额7530万元，其中当年累计发放12笔，金额4060万元，涉及土地经营权规模32391亩。

2017年，全力推进农村承包土地的经营权抵押贷款试点工作。累计成功发放抵押贷款630笔，共计3.6亿元。

2017 年，河口区不断健全完善各项配套机制，全力推进农村承包土地的经营权抵押贷款试点工作。累计成功发放抵押贷款 630 笔，共计 3.6 亿元。全力推进农村集体产权制度改革试点工作，坚持原则，分类指导，节点控制，梯次推进，4 个试点村已完成集体资产清查核实，成立股份经济合作社，发放股权证书，基本完成改革任务。

2018 年，推进农村承包土地的经营权抵押贷款试点工作，辖区内 6 家银行机构累计发放贷款 65 笔，金额 10693 万元，切实缓解农民贷款“抵押难、担保难”问题。一是设立 400 万元农村承包土地的经营权抵押贷款风险补偿基金，对金融机构发放农村土地承包经营权抵押贷款发生风险的，按实际损失部分的 50% 对其进行风险补偿，着力构建“农地”抵押贷款风险缓释和补偿机制，降低金融机构贷款风险；二是建立贷款贴息政策，河口区政府拿出 200 万元作为业务贴息资金，对符合条件的借款人按照基准利率的 30% 进行财政贴息。已落实抵押贷款贴息资金 25922 元，7 月底对到期的抵押贷款 4980 万元予以贴息。

第二章　农村经济服务体系建设

第一节　基层农村经济服务中心

2002 年 3 月，各乡镇均成立农村经济服务中心，为股级事业单位，配备相应的编制人员。其主要职能是：农民负担监督管理；农村土地承包管理；集体资产和财务管理；负责全乡镇农村经济收益分配统计工作，指导农民专业合作经济组织建设。

义和镇　2002 年 3 月，机构改革，成立义和镇农村经济服务中心，为股级事业单位。

新户镇　原 2002 年乡机构改革，成立新户乡农村经济服务中心。2010 年 5 月 13 日，太平乡撤并为新户镇，原编制相同。今新户镇农村经济服务中心编制 6 人，为股级事业单位，经费来源，财政全额。

河口街道办事处　2002 年机构改革，改名为河口街道农村经济服务中心，其职能包括农村财务管理、土地承包经营管理、农民负担监督管理，兼统计、养老保险、合作医疗等工作。2002 年 10 月统计与养老保险分设办公室，2005 年 4 月合作医疗单独成立办公室。

六合街道　2002 年 4 月乡镇机构改革，成立农经中心，编制 7 人。2010 年 5 月，建制为六和街道，人员编制未变。

孤岛镇　2002 年 4 月机构改革，成立孤岛农村经济服务中心，为股级事业单位，编制 6 人。

仙河镇　2002 年 4 月机构改革，成立农村经济服务中心，股级事业单位，编制 7 人。

第二节　基层农业综合服务中心

2002 年 4 月，各乡镇、街道林业工作站、农技推广站、农业机械管理站、畜牧兽医站合并为农业综合服务中心，为股级事业单位，财政全额拨款，编制 5~8 人。其主要职能是：负责全乡镇农业技术的引进、试验、示范推广，为农业生产提供技术服务，负责农民科技培训工作；负责全乡镇农业机械维修服务、农机新技术、新机具项目的引进、推广应用等工作，提高农业生产机械化水平；负责全乡镇畜牧业生产的产前、产中、产后服务，畜牧饲料生产、养殖技术培训和畜禽疫病的防治工作；负责全乡镇植树造林的规划设计、检查验收和林业统计、森林档案资源管理，维护森林资源安全，推广林业生产先进技术，开展林业生产技术培训和服务工作；负责全乡镇水产业养殖新技术推广和服务工作。

义和镇 2002 年 4 月机构改革，义和镇林业工作站、农技推广站、农业机械管理站、畜牧兽医站合并为农业综合服务中心，编制 5 人，实有人数 5 人，股级事业单位。

孤岛镇 成立于 2002 年 3 月，股级事业单位，2010 年，编制 5 人。

仙河镇 成立于 2002 年 3 月，为股级事业单位，2010 年，编制 7 人。

新户镇 原新户乡农业综合服务中心由农技推广站、林业站、渔业办、农业机械管理站和畜牧兽医站合并而成。农业技术推广站于 1984 年 5 月成立，1993 年机构改革改名为农业技术综合服务站；农业机械管理站成立于 1985 年 3 月，编制 2 人；畜牧兽医站成立于 1970 年，建区前属沾化县直属单位，1984—1993 年属河口区直属单位，编制 1 人。2010 年 5 月 3 日，太平乡划归所辖，其乡农林站成立于 1983 年，为股级事业单位，编制 3 人，1993 年机构改革分离为农技站、林业站，均为股级事业单位。2002 年 4 月机构改革，农技站、林业站、农机站、畜牧兽医站合并为农业综合服务中心，为股级事业单位，编制 8 人。2010 年，新户镇农业综合服务中心仍为股级事业单位，编制 5 人，经费来源财政全额。

河口街道 河口街道农业综合服务中心由河口街道农业技术综合服务站和农机站合并而成。河口街道农业技术综合服务站的前身为四扣乡农业技术综合服务站，组建于 1984 年 10 月，全民股级事业单位，负责全乡的农业技术指导与服务工作；河口街道农机站的前身为四扣乡农机站，组建于 1984 年。2002 年 4 月机构改革，河口街道农业技术综合服务站和农机站合并为河口街道农业综合服务中心，全民股级事业单位。2010 年，人员编制 3 人。

六合街道 六合乡农业综合服务中心由六合乡植保农技站、农机站合并组成。六合乡植保农技站成立于 1984 年，为股级事业单位；六合乡农机站成立于 1984 年，为股级事业单位，2002 年 4 月机构改革，植保农技站、农机站合并组成农业综合服务中心，为股级事业单位。

第三章 农村集体财务管理

第一节 管理体制

2009 年开始，河口区在农村财务管理工作中一直实行“村财乡管、联村会计、核算中心”三位一体的新型农村财务管理机制。探索农村财务管理的途径和方法。抓资金代管率和代管质量。重点抓对农村财务的专项审计工作，对个别村的财务区站进行重点审计，对发现的问题及时给予纠正和处理。

2010 年开始，河口区在农村财务管理工作中继续实行的是“村财乡管、联村会计、核算中心”三位一体的新型农村财务管理机制。基本职能是：

一是突出抓资金代管率和代管质量。

二是重点抓对农村财务的专项审计工作，对个别村的财务区站进行重点审计。

三是财务公开。实行村级民主管理，密切干部群众关系。全区统一规定每月 8 日为财务公开日，对涉及村民切身利益的财务事项全部公开。

四是定期会商。每月定期指导组织民主理财小组对各村收支进行理财，每村选出 3~5 名威信高的群众，有一定会计知识的村民代表组成民主理财小组，对本村的经济活动情况进行审计，对不合规定或不合理开支予严禁入账。

五是建立监督和反馈制度。对公开内容不合规定的村，按规定时间整改财务公开榜。

六是加强农村财会队伍培养。

七是组织好农村财会人员开展业务培训，提高全区农村会计人员的政策水平和办事能力。

“村财乡管区审”的监管模式，改变过去农村财务监管“村财乡管乡审”的工作模式，强化对农村财务薄弱环节的监管力度。通过开展审计工作，纠正村集体资金审批程序不规范、会计科目运用不正确和违反减轻农民负担政策等问题，杜绝村集体资金的浪费使用现象和农村活动中的腐败行为。

第二节　管理模式

2009—2010 年，突出抓资金代管率和代管质量。重点抓好对农村财务的专项审计工作，对个别村的财务，由区农经站进行重点审计，对发现的问题及时给予纠正和处理。财务公开后的第五天为财务反馈日，村两委、理财小组对反馈的问题召开专题会议研究制定整改措施，限期纠正。对农村财会人员进行业务培训，提高全区农村会计人员的政策水平和办事能力。

2011 年，河口区探索农村财务管理的途径和方法：突出抓资金代管率和代管质量；重点抓对农村财务的专项审计工作，对个别村的财务区站进行重点审计，对发现的问题及时给予纠正和处理。

2012 年，河口区出台《关于进一步加强村级会计委托代理制，切实做好村级财务规范化管理的规定》《河口区农村干部经济责任审计办法》两个规范性文件，切实抓村财区审工作。共安排审计 26 个村，新户镇 10 个村、义和镇 6 个村、河口街道和六合街道各 4 个村，孤岛镇和仙河镇各 1 个村。通过审计工作的开展，并依据出现的问题，加强对农村财务的监督管理，限期治理出现的各类问题。进一步做好财务公开工作。

2013 年，制定出台《关于进一步加强村级会计委托代理制，做好村级财务规范化管理的规定》和《河口区农村干部任期经济责任审计办法》，对原先制度进行细化、完善、改进。对村级财务收支预决算、开支审批、收入台账建立等进行制度规定，严格村级报账工作流程，按村在银行分设账户，实行

“双印鉴”管理，银行账户预留印鉴由镇农村财务核算中心和村分别管理，防止村级集体资金被平调、挪用；取消备用金，村级各项支出一律通过“一卡通”的形式与当事人结算等 21 个方面进行明确规定，同时对村干部任期经济责任审计事项进行 22 条明确规定和要求。

2014 年，河口区认真贯彻落实中央、省、市文件精神，加强农村集体“三资”管理工作，取得一定成效，2014 年，被农业部认定为“第二批全国农村集体‘三资’管理示范县”。

2015 年，严格执行各项财务制度，规范和完善村级收支管理，建立“三资”管理台账，对村级资产实行台账式管理，通过对村级财务检查等方式，完善制度建设等方式，推进农村集体“三资”管理制度化、规范化，确保农村集体资产保值增值。

2016 年，对镇、街三资管理专项整治工作开展情况进行全面检查，上半年共检查 6 个镇街 27 个村；下半年结合农民负担检查对剩余村进行检查，完成对 176 个村村级财务的全面检查。

第三节　财务公开

2009 年，河口区统一规定每月 8 日为财务公开日，对涉及村民切身利益的财务事项全部公开，公开内容要求统一、完整、清晰、准确，严禁变相、漏瞒收支事项。每月定期指导组织民主理财小组对各村收支进行理财，每村选出 3~5 名群众威信高，有一定会计知识的村民代表组成民主理财小组，对本村的经济活动情况进行审计。对不合规定或不合理开支予以退回，严禁入账。

2010 年，建立监督和反馈制度，对公开内容不合规定的村，按规定时间整改财务公开榜，并指导监督张贴到公开栏内。财务公开后的第五天为财务反馈日，村有关干部、理财小组负责人负责对村民的提问进行解释，村两委、理财小组对反馈的问题召开专题会议研究制订整改措施，限期纠正。

2011 年，实行村级民主管理，密切干部群众关系。河口区统一规定每月 8 日为财务公开日，对涉及村民切身利益的财务事项全部公开，公开内容要求统一、完整、清晰、准确，严禁变相、漏瞒收支事项。

2013 年，各镇、街农村财务核算中心（农村“三资”委托代理服务中心）对村账务处理后，打印财务公开榜，由代理会计或村记账员带回本村，在村务公开栏进行张榜公布，接受群众监督。财务公开做到及时、全面、具体、真实，严禁假公开和不公开，公开时间不少于 10 天。

至 2018 年，河口区有针对性的开展村级事务公开专项整治工作。每月镇街对全区 176 个行政村的村级财务收支情况、债权债务及村干部报酬等重大事项情况，进行全面及时公开（仙河镇海星村属村企合一村，不在公开范围）。

第四节　监管制度

2009 —2018 年，河口区对公开内容不合规定的村，按规定时间整改财务公开榜，并指导监督张贴到公开栏内。财务公开后的第五天为财务反馈日，村有关干部、理财小组负责人负责对村民的提问进行解释，村两委、理财小组对反馈的问题召开专题会议研究制订整改措施，限期纠正。严格执行各项财务制度，规范和完善村级收支管理，建立“三资”管理台账，对村级资产实行台账式管理，通过对村级财务检查等方式，完善制度建设等方式，推进农村集体“三资”管理制度化、规范化，确保农村集体资产保值增值。

民主理财制度 各村建立健全民主理财小组，其成员由村民代表会议选举3~5名威信高、有一定会计知识的村民代表组成，经镇农村经济服务中心备案有效，不经程序不得随意调换。村“两委”成员近亲属不得进入民主理财小组。村委会要保证民主理财小组对集体资产的审查监督作用。民主理财小组要按时参加每月会审记账，对当月收支进行审理，有权对村民反映的具体财务问题进行审核。民主理财小组要认真履行职责，对不负责任的民主理财小组成员，要提交村民代表会议予以撤换。2011年开始，实行定期指导。每月定期指导组织民主理财小组对各村收支进行理财，坚持民主理财原则，每村选出3~5名群众威信高，有一定会计知识的村民代表组成民主理财小组，对本村的经济活动情况进行审计，对不合规定或不合理开支予以退回，严禁入账。

2016年，按照山东省农业厅《关于在全省开展农村集体“三资”管理规范化建设活动的通知》和市农业局关于印发《关于加强农村集体“三资”管理专项整治工作的实施意见》的通知要求,开展“三资”管理专项整治工作。组织镇街进行自查，全区176个村已全部进行自查，发现问题5项全部整改。

财务报账、公开制度 每月的25日至次月7日，为当月村级财务集中报账日。各村记账员要严格按照规定的时间，将已初审的票据到镇农经中心审计下账。本月发生的收支业务必须在本月内审计下账，跨月的一律不予审计，责任自负。因特殊情况报账日请假的，必须在次月的15日前补审，无故一次不审计的，扣发记账员工资300元，扣发村党支部书记、村委会主任500元，并由农经中心督促前来补审。年内无故不报账2次，村报账员予以辞退，支部书记予以降、免职，村委会主任予以诫免。

村集体的所有收入，包括油田补偿款、部门援助款、个人捐助款、集体资产出租出让收益等，必须使用专用收据或区农经站统一监制的票据，由村记账员经办，在3个工作日内上交镇农经中心代管，不得以任何理由在银行、信用社或邮政局等开设存款账户，更不准公款私存、私设小金库、坐收坐支及挪用。对于收入不及时入账、不在规定时限内交农经中心代管的，发生一次，罚村主要负责人500元、村记账员300元；发生两次，村记账员予以辞退，支部书记予以降、免职，村委会主任予以诫免。

村集体现金一律不得借支挪用，否则，按侵占挪用公款追究当事人的责任，对于当月未报账的村，一律不准从镇政府进行提款。

村干部离任审计制度 村干部提拔、离岗、退职前必须先审计，后离职。离任审计的内容主要是任职期间的工作目标完成情况、财务收支运行情况、债权债务下降、资产资源发包招标情况、专项工程建设情况、农民负担执行情况、本人占用公物及往来欠款情况。

资源、资产发包及基建项目招投标制度 凡涉及村集体的资源、资产向外发包、租赁、拍卖及项目发包、村级小型工程基建项目必须按照“村两委商议申报、农经管理部门审核批复、村民代表票决通过、司法所指导实施、监督签订合同”程序申报批准后，由镇合同监管中心、农经中心监督指导实施。

村级小型工程基建项目：①村级 2000 元及以下开支及工程项目必须按照此程序审批，包村干部到村把关；② 2000 元以上工程、基建项目必须按此程序审批后到镇招标办招投标。

村级集体经济项目发包：①标的额在 2000 元以下的集体项目发包，必须按程序到镇合同监管中心批准备案，在镇合同监管中心指导下由村级自主招投标，相关档案资料原件交镇监管中心进行备案；② 2000 元及以上的集体项目发包，必须按此程序审批后，到镇合同监管中心进行招投标。

所签订的合同、结算协议及《河口区实施农村经济事项法制化管理项目申请表》《义和镇农村经济事项法制化管理项目审批表》一份由镇合同监管中心存档备案，另一份作为入账附件。

资金提取及开支标准制度 村集体提取代管资金必须出具三种票据：

一是村支部书记、村主任签字并加盖村委会公章的收款收据。

二是经村支部书记、主任、理财小组长、经办人签字并加盖理财小组章的合格开支票据。

三是由 2/3 以上村民代表签字同意、理财小组盖章的《提款申请》。由村记账员到农经中心办理提款手续。

提款程序：由村负责人签字、农经中心主任把关、管区书记审核，经镇纪委书记、镇长签批后，办理提款手续。村级工程款严格按照招标合同约定付款，凭施工方开具的合格发票及提供的账户进行转账结算，不得提取现金。

村集体资金、个人补助及占地青赔款的发放实行“一本通”集中发放制度。村记账员凭合格原始开支票据，由联村会计审核无误后，填制《资金“一本通”集中发放明细表》，与《提款申请》交镇农经中心，总出纳开出支票，村记账员将支票及《资金“一本通”集中发放明细表》交信用社，由信用社将款直接打入个人账户。

村级经济活动的现金收付及提款业务一律由村记账员办理，支部书记、村委会主任不得直接经手现金收付及提款业务。

债权、债务管理制度

债权管理：

单位或个人所借用、占用集体的各种款项和财产物资要纳入账内管理，严禁借条顶库并应及时追缴、追还或在年终分配、结算时处理。

村民所欠的承包费、水费、以资代劳款等各项上交款应全部造册记账，不得账外核算，并确定期限依法收缴。

债务管理：严禁集体盲目举债和高息民间借贷。从严规范村集体举债行为，严禁下列情形发生。

一是严禁村集体以任何名义向金融机构、个人贷款。

二是严禁村集体为企业（个人）贷款提供担保或抵押。

三是严禁村集体盲目举债兴建各类工程或采取由施工企业垫付资金等手段新上工程项目。

四是严禁村集体滞留、挪用对农民专业合作组织和农户的补助资金。

五是严禁村集体举债发放村干部工资、补助及解决办公经费。

凡违反以上规定形成新债的，镇财政和农村经营管理办公室要严格把关，一律不予认可，对发生的新债务要按照“谁签字、谁负责”的原则，由经手人自负还债责任；同时，镇党委、政府要对有关责任人做出组织处理，并追究当事人的党纪、政纪责任；情节严重的，移送司法机关处理。

村集体对存在的债务要经常进行清理和归类，并按借约及时偿还，制订切实可行的还款计划，逐步化解债务负担。

第五节　财会人员培训

2009 年，河口区结合日常工作中用到的业务类型和存在的问题进行讲解，提高全区农村会计人员的政策水平和办事能力。

2010 年，重点对农村财会人员进行业务培训，结合日常工作中用到的业务类型和存在的问题进行讲解。通过培训，提高全区农村会计人员的政策水平和办事能力，使农村财务管理工作走向规范化。

2013 年，结合日常工作中用到的业务类型和存在的问题进行讲解，对村级常用经济业务会计科目进行统一规范。

2015 加强培训工作。为加强农村财务管理，提高换届选举后农村财务人员素质，对各镇街农经业务人员、村记账员进行业务培训。同时对换届后的村两委主职干部进行了三资管理培训。

2016 年 7 月，聘请省农业厅专家授课，举办农村财务人员培训班一期，组织镇街联村会计、村记账员近 200 人参加培训。至 2018 年，每年乡村财务人员均有 200 多人参加培训，培训内容为财务法律法规、专业知识。

第六节　“三资”管理

2012 年 6 月底，全区 172 个村全部完成“三资”清理登记工作，有 4 个情况特殊的村相关镇（街道）正在采取措施，重点突破。155 个村完成了电子表格的录入工作，公示完成了 152 个村。核实资产 21048.8 万元，其中，货币资金：2303.9 万元；债权：1559.1 万元；对外投资：5202 万元；库存物资：0.3 万元；农业资产：33 万元；固定资产 8799.4 万元（其中，房屋、建筑物类固定资产 4856.3 万元，设施设备类固定资产 7787 万元）；在建工程：3820 万元；其他资产：168.9 万元。核实各项负债：3437.2 万元；核实公积公益金 5143.4 万元；核实未分配收益：7222 万元。核实资源 41.6 万亩。其中，耕地：13.7 万亩；林地：0.4 万亩；园地：0.8 万亩；四荒地：7.8 万亩；草地：0.1 万亩；水面：4.4 万亩；绿化地 0.2 万亩；宅基地：14.4 万亩；露天公共场地：9.4 万亩；其他：0.8 万亩。

2012 年，河口区被农业部认定为“第二批全国农村集体‘三资’管理示范县”。

2014 年，强化农村“三资”精细化管理，加强村级财务审计工作。积极开展村财区审工作，重点完成了 40 个村的年度审计工作，审计收支资金 8863.7 万元，纠正问题 109 项。组织各镇街开展了干部任期和离任经济责任审计，覆盖全区176个村，审计收支资金8.92亿元。下发《关于加强村两委换届前后农村集体资产资源资金管理的通知》，加强对村两委换届前后农村“三资”的监管，促进了村两委换届选举工作的顺利进行。加强村级集体经济组织票据规范化管理。实行“四统一”管理模式，并建立完善票据登记、管理、使用制度。

2015年，严格执行各项财务制度，规范和完善村级收支管理，建立“三资”管理台账，对村级资产实行台账式管理，通过对村级财务检查等方式，完善制度建设等方式，推进农村集体“三资”管理制度化、规范化，确保农村集体资产保值增值。加强培训工作。为加强农村财务管理，提高换届选举后农村财务人员素质，对各镇街农经业务人员、村记账员进行业务培训。

2016年，建立“三资”管理台账，对村级资产实行台账式管理，通过对村级财务检查等方式，完善制度建设等方式，推进农村集体“三资”管理制度化、规范化，确保农村集体资产保值增值。按照山东省农业厅《关于在全省开展农村集体“三资”管理规范化建设活动的通知》和市农业局关于印发《关于加强农村集体“三资”管理专项整治工作的实施意见》的通知要求，开展“三资”管理专项整治工作。组织镇、街道组织各村进行自查，全区176个村全部进行自查。

2017年，为切实加强村“两委”换届前后农村集体“资金资产资源”（以下称“三资”）的管理，根据《关于全区集中开展查处侵害群众利益不正之风和腐败问题专项整治工作任务分工方案》（东河群治办发〔2017〕1号）文件要求，在换届选举之前，委托第三方实施（会计事务所），开展村级财务审计工作。

审计对象是，本次区级审计从新户镇、义和镇、河口街道、六合街道四个镇街中的城中（城郊）村、油区村、沿海村，以及信访矛盾比较突出的村中抽取20个村进行审计。保证各类村全有、镇街之间配比均衡、随机抽取的原则，其中：城中（城郊）村5个，油区村6个，沿海村2个，矛盾村2个，其他5个。

审计范围是，对本届村“两委”任期内财务收支、管理和使用情况进行审计，原则上为2015年1月至2016年12月底的账务处理情况，必要时可根据实际情况追溯到以前年度。

审计内容是，本次主要审计村“两委”协调款、包村帮扶款、捐赠捐助款、资产处置款、出租收益款等，查处不入账、少入账等“体外循环”和坐收坐支、私占私用、私存私分、挪用侵占等问题线索。

2018年9月18日开始，区农业局组成财务检查小组，开展2018年度村级财务检查工作，检查组深入每个镇、 街，通过查阅村级账目的形式进行检查。完成全区6个镇街的账目抽查，共计涉及25个村，其中：新户镇5个村、义和镇5个村、河口街道5个村、六合街道5个村、仙河镇3个村、孤岛镇2个村。及时形成村级财务检查情况反馈下发六个镇街，明确整改措施、整改时限、整改目标。10月20日前完成检查问题的整改。研究制定了《河口区农业局2018年度村级财务人员培训方案》《河口区农业局2018年度村级财务检查审计方案》，10月20日完成15个村的财务收支审计工作，检查、审计出规范性问题等共57个。10月21日完成了村级财务人员培训，全区各村记账员、镇街农经工作负责人及联村会计共180余人参加本次培训。整改工作全部完成。

第四篇

农业生产基础条件

NONG YE SHENG CHAN JI CHU TIAO JIAN

第一章 耕地和劳动力

第一节 耕地

2009—2018 年河口区耕地变化：2009 年，耕地面积 14.7038 万亩；2010 年，25.4934 万亩；2011 年，25.841 万亩；2012 年，30.5273 万亩；2013 年，30.5549 万亩；2014 年，30.5549 万亩；2015 年，32.1093 万亩；2016 年，31.3137 万亩；2017 年，30.7942 万亩；2018 年，35.2623 万亩。

第二节 劳动力

2009 年，河口区农业与非农产业之间的结构趋于合理，农村劳动力向二三产业转移。全区农村二三产业劳动力达到 2 万人，占农村总劳力的比例由 2000 年的 12.5% 提高到 40.5%。

2010 年，全区乡村人口为 75776 人，其中劳动力资源为 52363 人。从业人员为 50841 人，占劳动力资源人口的 97.09%。职业结构按行业划分为：农林牧渔业为 41320 人，占从业人员的 81.27%；工业为 1725 人，占从业人员的 3.39%；建筑业为 1642 人，占从业人员的 3.23%；交通运输仓储业和邮政业为 1751 人，占从业人员的 3.44%；批发与零售业为 2567 人，占从业人员的 5.05%；住宿和餐饮业为 994 人，占从业人员的 1.96%。经过新的职业培训，农业种植业结构发生重大变革，即特色农业的发展。高科技农业的普及，使某种产业实现产业化经营，由此泛生多种第三产业，形成“生产—加工—销售—服务”一条龙。农民的生产力大为解放，劳动能量大幅下降。

2016 年，全区乡村人口为 80542 人，其中劳动力资源为 54022 人。从业人员为 49010 人，占劳动力资源人口的 90.72%。职业结构按行业划分为：农林牧渔业为 31316 人，占从业人员的 63.90%；工业为 2671 人，占从业人员的 5.45%；建筑业为 4293 人，占从业人员的 8.76%；交通运输仓储业和邮政业为 2789 人，占从业人员的 5.69%；批发与零售业为 4881 人，占从业人员的 9.96%；住宿和餐饮业为 2627 人，占从业人员的 5.36%。

第二章 农业基础设施

第一节 灌溉工程

王庄二干水系 境内一直处于引黄灌区至尾端，农业灌溉用水被严重制约。20 世纪 90 年代初，正直国家黄河三角洲农业综合开发之际，在东营市人民政府的帮助扶持下，为河口区打通王庄二干这一引黄主干渠，在河口区境内由三条分干渠，结束了当时西部义和、太平、新户、四扣四个乡镇，即现在的义和、新户两镇与河口街道农业灌溉“贫水”的历史。

河口境内以福祥泵站为输水枢纽，分3条干渠供水，设计灌溉面积20万公顷。一分干渠自福祥泵站经义和镇西部把水送往太平、新户乡；二分干自福祥泵站顺沾利河东岸，流经义和镇的东部，四扣乡的西部与北水源相接，为新户乡东北部送水，全长13千米，引水流量5立方米/秒；三分干由福祥泵站向东利用原来的河王渠西段至民生泵站，保证四扣乡的南部和义和镇夹王洼一带用水，形成地方独立的骨干引水体系。

自2000开始，河口区按照现代农业的发展的需要，先后对这一水系进行高标准大规模、以节水灌溉为中心技术措施的灌区改造，成为河口区生态农业、观光农业、特色农业、产业化发展的规模基地。福相泵站更名为河口泵站。

2009年，河口区组织实施王庄三干综合治理。三干打通后的2001年、2004年、2006年进行过清淤治理。东水源建成之后，原六合乡东南部用水仍靠王庄三干补充。

东水源　2004年，在河口区委、区政府的领导下，将黄河最下游的用水体系科学全面规划，将东部水源体系运用现代化的工程手段调入西部，逐步走向东西部水资源平衡，可持续发展之路。

总干渠　1976年，黄河人工改道于清水沟之后，油田开辟西河口水源，在黄河入海口以上西河口处，建设大功率泵船组合提水泵站。相继建成新的引水、供水、蓄水工程设施。

分干渠　自西河口泵船跨过黄河大堤，由神仙沟引黄闸分3条干渠构成整个东水源的引水体系。

河王分干渠。由两段组成：一是神仙沟引黄闸——黄河故道段，总长6.367千米。

神仙沟干流。自引黄闸流经孤岛、仙河两镇，长32.9千米，流域面积375平方千米。

孤东、孤北干渠。其中孤东干渠始于神仙沟引黄闸东侧孤东干渠引水闸，止于新卫东河倒虹吸，全长17.5千米，设计流量25立方米/秒。

工程实施后，扩大灌溉面积12万亩，改善灌溉面积8万亩，每年向济军生产基地供水2000万立方米，向油田供水5000万立方米（其中工业用水2000万立方米），向河口、垦利、利津农业供水5000万立方米，年提供总供水量1.2亿立方米。

第二节　排涝工程

河口区境内有“七纵一横”八条河道。其中纵贯南北的干流河道七条，自西向东，依次为潮河、马新河、沾利河、草桥沟、挑河、黄河故道和神仙沟；横贯东西的干流河道一条，为滨海大生态河。境内河道多人工开挖而成，潮河、马新河、沾利河、草桥沟、挑河等开挖于20世纪60—70年代。滨海大道生态河开挖于2006—2009年。

2004年起，河口区为增强境内河道的防洪除涝和排水改碱能力，按照“水清、岸绿、景美、畅流”

的生态景观水利建设模式，对境内的所有河道两条骨干排河沾利河、神仙沟进行综合治理。2006 年，东营市人民政府办公室下发通知（东政办字〔2006〕55 号），按照统一管理与分级管理原则，结合全市河道分布及现有管理机构设置情况，将河口区境内跨县区的沾利河、草桥沟、挑河、神仙沟（含卫东河）划归市河道管理处管理。潮河、马新河分别划归利津县、河口区管理。至 2013 年，先后开挖建成境内的滨海大道生态河，清淤治理市管河道马新河、沾利河、草桥沟、挑河。

潮河 是 1965 年开挖的一条独流入海的排涝河道。境内长 24.5 千米，排涝流量为 183.7 立方米 / 秒，防洪流量 200 立方米 / 秒境内排涝面积 6667 公顷。

马新河 1972 年首期开挖，沾化自行设计的独流入海河道。在新户西向北至杨克君沟西南股入渤海，全长 55.6 千米，总流域面积 275 平方千米，最大排涝流量 26~90.5 立方米 / 秒，防洪流量 30~165 立方米 / 秒，河口境内长 22 千米，流域面积 275 平方千米。

沾利河 开挖于 1973 年春，为胜利油田防护和农田排涝工程，因起源于利津，于沾化入海，河口境内 26.5 千米。流域面积 327.4 万千米。排涝流量 6.0~89 立方米 / 秒，防洪流量 12~130 立方米 / 秒。

草桥沟 原是利津县的一条河道，因黄河改道堵塞入海口，1965 年春改道由沾化县的郭河下游入海，成为沾利共用河道。改道后的草桥沟自利津县的北岭乡西滩村至罗镇，由新胜村进入河口境内，经六合乡的梅家北行至四扣乡的刘坨，经长青向北由王家洼垃入海，全长 46 千米，流域面积 457.8 平方千米，排涝流量 10~132 立方米 / 秒。防洪流量 20~150 立方米 / 秒，河口境内 26 千米。

挑河 原为黄河决口冲刷形成的一条自然河道。1964 年黄河下游北段淤塞。现在的挑河，上起利津县的陈庄镇薄扣村至罗镇入河口区于刁口在陈玉芬屋子老挑河入海。干流长 32.6 千米，流域面积 504 平方千米，底宽 38~40 米，排涝流量 100.7 立方米 / 秒，防洪流量 180 立方米 / 秒，河口境内长 24 千米。

第三节　蓄水工程

河口区成立后至 2003 年，境内共建成库容 1000 万立方米的中型平原水库 5 座，其中 4 座有胜利油田建设管理（见“油田水利”），地方投资建设的中型水库是李坨水库。100 万立方米以上 1000 万立方米以下的平原水库 10 座，称“小（1）型”设计库容 3710 万立方米，投资 3126 万元。河口区建成库容 100 万立方米以下的小型平原水库 65 座，称“小（2）型”，设计库容 1698 万立方米，总投资近 2000 万元。2006 年，实施羊栏河水库衬砌改造，2009 年，对马家水库病险加固，2014 年，对王集水库进行除险加固改造。

第四节　农田水利

2010 年 1 月，组织农村实施义丰干清淤工程。疏浚渠道 9.6 千米，动用土方 26.5 万立方米，维修桥1座。投资95万元。4月，实施丰产河清淤工程。疏浚渠道5.2千米，动用土方29.6万立方米，投资99万元，6月5日竣工。

2011年，全区共实施8项重点水利工程。坚持统筹兼顾，水利基础设施建设持续加强。一是农村危桥改造、田间节水改造、西外环绿化等工程。农村危桥改造工程，投资277万元，实施新建及改造农村危桥闸11座；二是田间节水改造工程，包括义和镇三合片、义和镇王集水库北片、河口街道西五片和新户镇北李片四部分，总投资630万元，共动用土方97.8万立方米，衬砌改造各类渠道42.8千米。

2013年冬至2014年春，结合农业、水利、国土、林业等发展规划，确定河口区今冬明春实施农田水利基本建设项目14项，实施高标准农田建设9.56万亩，实施骨干河道清淤治理27.5千米，沟渠清淤治理1170千米，动用土石方1368万立方米，总投资14013万元。年底已完成土方832.21万立方米，完成投资4545.64万元。

具体安排为6项个项目，治理河道27.5千米，实施节水改造2.2万亩，土地整理3.86万亩，农业开发1.2万亩，建设高标准农田7.26万亩，改善排涝面积25.85万亩，衬砌渠道60.53千米，铺设管道75.4千米，配套建筑物406座，动用土方427.02万立方米，总投资8013.1万元。

全国高标准农田水利建设示范县年度项目。面积2.2万亩，发展高效节水灌溉面积0.9万亩，新建泵站1座，铺设管道75.4千米，疏挖排沟148.3千米，整修机耕道路16.1千米，新建桥梁2座；发展末级渠系面积1.3万亩，衬砌、整修斗渠16.1千米，整修农渠51千米，配套渠系建筑物148座；新建自动化控制系统1套。整修机耕道路58.96千米，新建桥梁26座，植树2.8万株。

河口区段沾利河流域农田治理改造。配套建筑物11座。改善除涝面积25.85万亩。

义和镇河西片田间节水项目。实施0.86万亩农田沟渠疏挖，共建设建筑物59座：泵站2座；闸9座；穿涵21座；建桥27座。改善灌溉面积0.86万亩。

义和镇大山片（七顷）高标准农田建设项目。实施渠系维修3万亩。实施支沟清淤1条，长6.5千米，斗排疏挖8条，长9.3千米，修建硬化路一条，长2.0千米，机耕干道2条，总长4.1千米，硬化渠道修建2.1千米。改善灌溉面积3万亩。

六合街道1.2万亩高标准农田示范工程项目。实施高标准农田项目1.2万亩，该项目疏挖填沟渠251条，动用土方143.61万立方米，衬砌沟渠23.43千米，新建泵站2座，新建各类水工建筑物169座。工程完成后改善灌溉面积1.2万亩。

村镇自行实施的农田水利建设项目。规划各类工程4处，分别为老庙七干桥工程、后毕片台田沟渠清淤工程、七干清淤工程、丰产和下游清淤工程。共计动用土石方44.2万立方米；砼及钢筋砼200立方米；清淤河道10.96千米，总投资140.7万元。

2014年冬，河口区农村水利分区、镇村两个层次实施。区级项目新户镇胜利片高效节水灌溉于11月23日开工建设，投入机械10余台，完成支沟清淤1条长3.2千米，清淤斗沟完成17条长17.9千米，清淤农沟完成52条长21.3千米，共完成土方12.5万立方米。义和镇高标准农田建设项目泵站等建筑物工程施工单位已完成现场踏勘和放线，已进驻现场准备开工；项目法人单位已协调项目所在镇街开展迁占等工作，为项目全面展开奠定良好的基础。义和镇1万亩农业开发工程于11月15日开工，投入机械10余台，斗沟清淤完成6千米，支沟清淤完成3千米，填筑渠基2千米，完成土方9.6万立方米；王庄一分干、二分干渠道清淤工程完成，清淤长度26.4千米，完成土方20万立方米；草桥沟疏浚治理工程正在组织招投标。

镇村级建设工程，新户镇老鸦、官庄片田间治理，投入机械40余台，清淤各级排沟45条37千米，土方36.25万立方米；双合片田间治理已完成，清淤各级排沟14条4.8千米，完成土方13万立方米；河口街道八吕片、六扣片投入机械40余台，清淤各级排沟35条长9.51千米，开挖台田44个，完成5个，完成土方80.3万立方米；六合街道后毕片田间治理项目于11月17日开工，投入机械10余台，修复池塘28个，清淤各级沟渠5条12千米。

2013—2014年，河口区2013—2014年冬春农水会战完成农田水利基本建设项目16项，包括上级投资农水会战项目7项和镇街自行实施的农水项目9项，总投资为14848.4万元。一是上级投资项目：实施高标准农田水利示范项目2片2.2万亩；义和镇大山片、河西片等土地整理项目2片3.86万亩；实施六合街道北林场片农业开发项目1片1.2万亩；实施中小河流治理项目1个，治理沾利河27.5千米；整合新户镇南楼片、河口街道裕民片等国土项目2项，建设高标准农田2.3万亩，总投资为11775.4万元。二是镇街自行实施项目：实施新户镇天河湾片，义和镇北片、六顷片，河口街道大学片、六扣片，仙河镇振东片，六合街道东片田间治理项目，沾郭连通工程以及村级自行实施的农田水利建设项目，总投资为3073万元；高标准农田示范县项目，安排实施义和镇1.3万亩末级渠系改造，仙河镇0.9万亩高效节水灌溉，投资为2826.5万元。2014年7月17日通过市级验收，2014年8月1日通过省级绩效考评。

2015年4月，完成现代农业小麦去产业项目县2014年度项目。铺设低压灌溉管道93.41千米，整修斗渠6.34千米，衬砌整修农渠57.87千米，新建提水泵站2座，清淤疏浚排水沟148.82千米，新修机耕路60.23千米，新建桥涵41座，栽植苗木2万株，完成投资2831.69万元。实施德民篇高标准农田配套工程，面积2万亩，新建“U”形农渠17.7千米，土质农渠10.6千米，斗渠出水口40座，农渠出水口590座，整修生产路47.2千米，新建维修建筑物151座，完成投资1856万元。

2016年，实施新户镇、义和镇薄家片两个片区高效节水灌溉工程，控制面积2.36万亩，新建泵站5座，建桥2座，铺设低压柜烟道140.39千米，现浇“U”形渠道7.78千米，疏挖沟渠127.11千米，完成投资2817.2万元。

2017年，投资4354万元实施农田会战项目、拦河闸出险加固工程、涝洼片治理工程、孤河水库封闭管理工程、挑河老庙桥工程等农田水利工程。改善灌溉面积13.33万亩，新增节水灌溉面积1.52万亩，恢复灌溉面积4.13万亩，改善除涝面积11.1万亩，增加农村坑塘蓄水能力92万立方米。

第五节　农业综合开发

中低产田改造　2008年7月，上一年项目全部通过市级验收，并取得东营市第二名。是年，实施农业综合开发土地治理项目为河口街道1000公顷中低产田改造。控制面积1200公顷。总投资为960万元。该项目2008年10月24日进行公开招标，10月25日正式开工建设。2009年4月5日全面竣工。6月25日通过市级验收。项目共计完成开挖疏浚各级沟渠134条，长114千米，修筑台田100组，修复台田、池塘216组，动用土方182万立方米；新建各级建筑物85座，修复建筑物36座，衬砌“U”形渠道3.5千米，修筑机耕路75千米，植树12万株。

2009年，河口区农业综合开发完成三项任务：一是上一年度河口街道1000公顷中低产田改造项目全部。总投资为960万元。4月5日全面竣工，6月25日通过市级验收。共计完成开挖疏浚各级沟渠134条，长114千米，修筑台田100组，修复台田、池塘216组，开挖土方182万立方米，新建各级建筑物85座，修复建筑物36座，衬砌“U”形渠道3.5千米，修筑机耕路75千米；植树12万株。二是城北生态林、北外环路域和桩埕路域的“三网”绿化。对已成活树木适时进行除草、浇水、打药、剪枝等管护措施，对死树进行清理，并全部补植，共计植树0.6万余株。三是万亩中低产田改造项目。该项目位于新户乡境内，东起义新路，西至马新河，南起原国防路，北至六斗排，总面积800公顷，治理面积666.67公顷，覆盖全乡4个村，农业人口1820人。项目实施与“三网”绿化工程相结合，按照“三网合一”的标准开发，计划修筑渠道104条，长58.7千米，其中衬砌6条，长6.25千米；疏挖排沟102条，长61.3千米，沟渠总完成土方81.69万立方米；新建各类建筑物207座，维修建筑物10座；整平土地2304亩；修建机耕路3条，长4.12千米，修路102条，长61.3千米；植树10.1万株；培训农民技术员2000人次。总投资为710万元。2009年9月30日进行迁占准备工作，10月12日完成工程招投标，确定3家具有三级水利水电施工资质队伍施工并签订合同。调集机械26台部，投入劳动力500余人，完成了土方70万立方米，占总任务的85%；建筑物完成180座，占总任务的83%；节水衬砌渠道渠基土方及混凝土衬砌全部完成。

第六节　土地开发整理

2010年，全区开发整理土地3.5万亩、现代渔业开发3万亩，疏浚治理河道51千米。国家级项目仙河镇境内的神仙沟流域土地整理，面积2.3万亩，总投资为4107万元，完成总任务的50%。实施完成市级项目新户镇星北片、孤岛镇十三分场、河口街道驼子村、义和镇、义和片4个项目。总面积1.2万亩，投资为134万元。是年12月10日，通过专家验收。全区实施土地开发整理3.5万亩、现代渔业开发3万亩，疏浚治理河道51千米，农业生产条件进一步改善。

2011年，实施神仙沟土地整理项目总规模2.33万亩，新增耕地面积0.42万亩，投资为2973万元。完成泵站1座、小型扬水站6座、桥涵60座，斗渠节制闸12座，农门146座，毛门526座，排沟开挖土方300万立方米，完成衬砌渠道4.2万米，植树10万株。实施新户镇官庄村“腾空地”整理复垦，项目总规模0.05万亩，投资为193.76万元，2011年3月份完成复垦工程。

2012年仙河镇神仙沟土地整理项目通过省级验收。六合街道西崔片基本农田整理项目，建设规模

0.80 万亩，新增耕地 0.028 万亩，总投资为 1297 万元。2011 年 10 月动工建设，次年 7 月完成，12 月 1 日顺利通过市级验收。新户一期土地开发项目、新户北李开发项目和新户二期地开发项目，三个项目建设总规模 10.29 万亩，总投资为 4.97 亿元，新增耕地面积 3.86 万亩，全部采用暗管改碱技术进行建设。

2013 年，高标准基本农田建设项目有：新户镇南楼片、义和镇七顷片、河口街道裕民片和六合街道西崔片项目，总规模 5.70 万亩，建成高标准基本农田 3.98 万亩，投资为 3048 万元，2014 年 5 月 14 日通过验收。

2014 年高标准基本农田建设有：义和镇河西片基本农田土地整理项目和孤岛镇五分场高标准基本农田建设项目，两个项目建设规模 1133.33 公顷，投资为 3350 万元。未利用地开发项目有：东营市挑河东河口片和孤岛镇十七分场 2 个项目。挑河东片土地开发项目建设规模 0.83 万亩，新增耕地 0.59 万亩，投资为 6400 万元；孤岛镇十七分场土地开发项目建设规模 0.26 万亩，新增耕地 0.18 万亩，投资为 1420 万元。

2015 年，土地开发项目 3 项：一是 2014 年立项实施的东营市河口区孤岛镇五分场片高标准基本农田项目 1 个，总规模 0.79 万亩，投资为 1645 万元，通过验收；二是编制完成 2015 年度高标准基本农田建设方案。总规模 1973.33 公顷，总投资为 3200 万元，分别是孤岛镇三分场片、十三分场片和河口街道挑河片三个高标建设项目；三是 2014 年 5 月动工建设的河口区义和镇河西片基本农田示范区土地整理项目全面完成，项目规模 0.83 万亩，投资为 1650 万元。

2016 年，推进未利用地开发。一是河口区孤岛镇十七分场土地开发项目顺利通过验收。项目建设规模 0.26 万亩，总投资为 1340.12 万元，新增耕地 0.20 万亩。该项目于 2016 年 1 月份通过市级验收。二是东营市河口区挑河东河口片土地开发项目。该项目建设总规模 0.83 万亩，总投资为 6429 万元，新增耕地 0.59 万亩，新增耕地率 71.79%。三是河口街道民生片土地开发项目。项目建设规模 0.28 万亩，新增耕地 133.88 公顷，预算投资为 1575 万元，该项目自 2016 年 11 月份开始动工建设。四是河口区西黄河故道精准扶贫土地整治项目。该项目涉及义和镇和新户镇共 5.8 万亩土地，投资为 2.9 亿元。五是义和镇福祥片土地开发。项目建设规模 3.27 万亩，新增耕地 0.60 万亩，投资为 1.9 亿元。

2017 年，实施高标准基本农田建设项目 2 个。一是黄河三角洲综合训练基地六分场基本农田土地整理项目。项目建设规模 5.30 万亩，其中耕地 0.42 万亩，基本农田面积 0.40 万亩。2 月开工建设，9 月竣工完成，12 月通过验收。二是河口街道西五片土地整理项目。建设规模 0.58 万亩，新增耕地 0.038 万亩，投资为 1511.52 万元（表 4-1）。

表 4-1　2009—2018 年河口区土地开发整理项目一览表　（单位：公顷）

年度	项目名称	总规模	新增耕地
2009	河口区义和镇义和片土地整理项目	292.85	65.94
	河口街道办事处坨子村土地整理	251.85	16.50
	河口区孤岛镇十三分厂土地整理	122.53	12.66

（续表）

年度	项目名称	总规模	新增耕地
2011	东营市河口区新户镇永合土地开发项目	698.05	479.25
	东营市河口区新户镇北李土地开发项目	459.31	240.84
2012	东营市河口区仙河镇神仙沟土地整理项目（2012 年高标）	1552.00	271.30
	2012 年度东营市河口区仙河镇神仙沟片高标准基本农田建设	542.48	0
	2012 年度东营市河口区义和镇博兴片高标准基本农田建设	1663.85	0
	2012 年度东营市河口区六合街道夹河片高标准基本农田建设	665.15	0
	2012 年度东营市河口区义和镇东韩片高标准基本农田建设	974.58	0
	2012 年度东营市河口区新户镇胜利片高标准基本农田建设	547.72	0
	2012 年度东营市河口区新户镇兴合片高标准基本农田建设	2515.93	0
2013	河口区六合街道西崔片基本农田整理项目（2013 年高标）	523.91	0
	2013 年度东营市河口区六合街道西崔片高标准基本农田建设	29.97	0
	2013 年度东营市河口区新户镇南楼片高标准基本农田建设	1226.48	0
	2013 年度东营市河口区义和镇七顷片高标准基本农田建设	1211.54	0
	2013 年度东营市河口区河口街道裕民片高标准基本农田建设	995.91	0
2014	河口区义和镇河西片基本农田示范区土地整理项目	554.10	18.57
	东营市河口区新户二期土地开发项目（2014 年高标）	5168.60	1611.72
	河口区太平乡星北片土地整理项目（2014 年高标）	117.19	11.93
	2014 年度东营市河口区孤岛镇五分场片高标准基本农田	573.64	0
	东营市河口区孤岛镇十七分场土地开发	174.52	129.03
	东营市挑河东河口片土地开发	552.26	395.02
2015	2015 年度东营市河口区孤岛镇十三分场高标准基本农田建设	484.74	0
	2015 年度东营市河口区孤岛镇三分场高标准基本农田建设	919.94	0
	2015 年度东营市河口区挑河片高标准基本农田建设	482.82	0
2016	河口区新户镇东风片未利用地开发	320.82	50.77
	东营市河口区西黄河故道精准扶贫土地整治	3613.87	265.23
	河口区河口街道民生片（一期）土地开发	189.40	133.88
	黄河三角洲综合训练基地六分场片基本农田整理	348.30	2.21
2017	河口区河口街道办事处河王渠南片土地开发项目	226.55	130.10
	河口区河口街道西五村片基本农田整理	387.43 395.88	25.17 21.81
	河口区义和镇王集水库片土地整治	326.63	53.21
	河口区孤岛镇十七分场二期土地开发	137.32	111.83
2018	东营市河口区河口街道土地综合整治	1238.11	597.38

第七节 “三网”绿化

2009年，在全市率先实施“三网”工程。全年重点组织实施140千米路域绿化、74千米水系绿化和15万亩农田绿化。先后组织实施大山片3万亩土地整理项目、黄河口中心渔港建设以及一系列农田水利节水灌溉工程，新户乡1万亩中低产田改造绿化面积2.2万亩，植树300万株，完成路域绿化3.07千米，绿化面积68.02亩，示范区建设绿化面积127.16亩；共动用土石方55.2万立方米，植树11.48万株；完成河口街道1.5万亩农业综合开发项目，修筑台田100组，修复台田、池塘216组，动用土方182万立方米，植树12万株，全区140千米路域、74千米水系和15万亩农田绿化全面铺开。

2010年，大力实施“三网”绿化工程，全区共完成植树477.2万株，绿化折实面积2.6万亩，动用土石方1858.1万立方米，桥涵闸配套317座，工程投资1.5亿元。进一步扩大植树规模，注重生态成效，所承担的2009—2010年度市级重点路域绿化断档贯通工程、示范区扩建提升工程、示范水系绿化工程、示范基干林带和柽柳林建设、区乡村工程等建设任务已全面完工。全区共实施路域绿化58.8千米，水系绿化17.8千米，新建“三网”绿化示范区7个，控制面积9.3万亩，完善示范区3个，控制面积7.8万亩，建设柽柳林4.2万亩，沿海防护林8.3千米，完成工程投资1.5亿元。

2011年，全区“三网”绿化工程累计投资1999.9万元，共动用土石方126.42万立方米，新建林地面积1182.88亩，绿化面积751.37亩，植树27.03万株。其中，实施义新路、滨孤路、东滨路、顺河路、海昌路、海宁路等17条40.83千米路域绿化。实施生态河、郭河等3条5.27千米水系绿化，推进郭河1万亩、西崔1万亩等2个“三网”绿化示范区建设，动用土石方91.74万立方米，发展经济林535亩。义和镇、河口街道承建的滨孤路，区水利局、开发区承建的海宁路、顺河路等标准提升工程已开工建设，义和镇镜月湖节点景观工程拆迁工作已经完成，土方工程已动工，仙河镇节点景观工程全面开工。

2013年，“三网”绿化任务全面完成。围绕塑造精品、打造典型的管护理念，克服“三网”工程面积大、线路长、土地归属复杂等困难，积极采取土方修整、病虫害防治等有力措施，“三网”绿化任务全面完成，共计补植香花槐、竹柳等各类苗木3.17万株，涂白、修剪、病害防治等管护面积1600亩次。

2014年“三网”绿化工程建设全面完成。克服“三网”工程面积大、线路长、土地归属复杂等困难，积极采取土方修整、病虫害防治等有力措施，补植竹柳等各类苗木10000株，实施涂白、修剪、病害防治等管护措施3000亩次，“三网”绿化任务全面完成。

第三章 农业机械化

第一节 发展规模

2009年河口区农机总动力20.7766万千瓦，农业机械总值原值36467.66万元，净值28024.3万元，电动机 847 台，15830 千瓦，柴油机 1253 台，190385 千瓦，农用拖拉机 3838 台，61212 千瓦，农用运输车 3147 辆，41721 千瓦，自走式联合收获机 37 台，2129 千瓦，农田基本建设机械 277 台，24583 千瓦，渔业机械 1659 台，23132 千瓦。配套农机具 8580 台，其中：大中型拖拉机田间作业配套机械 1612 台，小型拖拉机田间作业配套机械 6968 台。全区机具配套比达 1∶2.1。

2010 年，河口区农机总动力 21.17 万千瓦，农业机械总值为 37398.64 万元，净值为 28800.6 万元，电动机 844 台，1.08 万千瓦，柴油机 1254 台，0.98 万千瓦，农用拖拉机 4216 台，6.51 万千瓦，农用运输车 3140 辆，4.17 千瓦，联合收获机 147 台，0.42 万千瓦，农田基本建设机械 165 台，24633 千瓦，渔业机械 1659 台，2.31 万千瓦。配套农机具 8698 台，其中：大中型拖拉机田间作业配套机械 1726 台，小型拖拉机田间作业配套机械 6972 台。

2011 年，河口区农机总动力 21.6 万千瓦，农业机械总值原值为 38533.22 万元，净值为 29785.7 万元，电动机 844 台，10755 千瓦，柴油机 1284 台，10280 千瓦，农用拖拉机 4366 台，69715 千瓦，农用运输车 3120 辆，41403 千瓦，联合收获机 171 台，5781 千瓦，农田基本建设机械 275 台，24573 千瓦，渔业机械 1655 台，23000 千瓦。配套农机具 9087 台，其中：大中型拖拉机田间作业配套机械 2062 台，小型拖拉机田间作业配套机械 7025 台。

2012 年，河口区农机总动力 22.1 万千瓦，农业机械总值原值为 39636.32 万元，净值为 30673.8 万元，电动机 910 台，10986 千瓦，柴油机 1279 台，9215 千瓦，农用拖拉机 4454 台，73465 千瓦，农用运输车 3117 辆，41409 千瓦，联合收获机 187 台，6031 千瓦，农田基本建设机械 275 台，24573 千瓦，渔业机械 2195 台，23712 千瓦。配套农机具 976 台，其中，大中型拖拉机田间作业配套机械 2622 台，小型拖拉机田间作业配套机械 6954 台。

2013 年，河口区农机总动力 22.64 万千瓦，农业机械总值原值为 41555.97 万元，净值为 31920.57 万元，电动机 990 台，11224 千瓦，柴油机 1275 台，10222 千瓦，农用拖拉机 4548 台，76650 千瓦，农用运输车 2995 辆，40126 千瓦，联合收获机 237 台，10746 千瓦，农田基本建设机械 275 台，24573 千瓦，渔业机械 2234 台，23846 千瓦。配套农机具 9867 台，其中，大中型拖拉机田间作业配套机械 2836 台，小型拖拉机田间作业配套机械 7031 台。

2014 年，河口区农机总动力 23.2 万千瓦，农业机械总值原值为 42750.47 万元，净值为 32819.08 万元，电动机 998 台，11322 千瓦，柴机 1310 台，10364 千瓦，农用拖拉机 4646 台，81330 千瓦，农用运输车 3010 辆，40327 千瓦，联合收获机 266 台，12863 千瓦，农田基本建设机械 282 台，25200 千瓦，渔业机械 2498 台，26664 千瓦。配套农机具 10012 台，其中：大中型拖拉机田间作业配套机械 2896 台，小型拖拉机田间作业配套机械 7116 台。

2015 年，河口区农机总动力 23.9 万千瓦，农业机械总值原值为 43920.77 万元，净值为 32750.5 万元，电动机 1081 台，12264 千瓦，柴机 1329 台，10764 千瓦，农用拖拉机 4754 台，84712 千瓦，农用运输车 3015 辆，40429 千瓦，联合收获机 300 台，16209 千瓦，农田基本建设机械 298 台，26754 千瓦，渔业机械 2531 台，27016 千瓦。配套农机具 10194 台，其中：大中型拖拉机田间作业配套机械

3037 台，小型拖拉机田间作业配套机械 7157 台。

2016 年，河口区农机总动力 21.2 万千瓦，农业机械总值原值为 38354.04 万元，净值为 28631.77 万元，电动机 512 台，5446 千瓦，柴油机 1393 台，9429 千瓦，农用拖拉机 4879 台，91177 千瓦，联合收获机 347 台，20791 千瓦，农田基本建设机械 300 台，26886 千瓦，渔业机械 2606 台，27691 千瓦。配套农机具 10348 台，其中：大中型拖拉机田间作业配套机械 3156 台，小型拖拉机田间作业配套机械 7192 台。

2017 年，河口区农机总动力 22.3 万千瓦，农业机械总值原值为 40773.23 万元，净值为 30446.16 万元，电动机 615 台，19655 千瓦，柴油机 1393 台，9429 千瓦，农用拖拉机 4879 台，91177 千瓦，联合收获机 398 台，25194 千瓦，农田基本建设机械 300 台，26886 千瓦，渔业机械 2606 台，27691 千瓦。配套农机具 10348 台，其中，大中型拖拉机田间作业配套机械 3156 台，小型拖拉机田间作业配套机械 7192 台。

2018 年，河口区农机总动力 20.68 万千瓦，电动机 622 台，20206 千瓦，柴油机 1393 台，9429 千瓦，农用拖拉机 2789 台，84862 千瓦，联合收获机 433 台，29794 千瓦，农田基本建设机械 303 台，26981 千瓦，渔业机械 2656 台，7851 千瓦。配套农机具 10386 台，其中：大中型拖拉机田间作业配套机械 2420 台，小型拖拉机田间作业配套机械 7966 台。

第二节　农机供应与维修

河口区农机供应与维修基本由各个农机公司和维修点承担。2009 年，享受国家、省、市三级补贴资金 379.952 万元，新购置大中型拖拉机 109 台，秸秆还田机 42 台，配套机具 184 台，谷物和玉米联合收获机 43 台，免耕播种机 21 台。

2010 年，农机经销及维修点达到 97 处，其中，农机经销点 17 个，供油点 31 处，维修点 80 处。经营收入达 385.1 万元。

2011 年，农机经销点及维修点共有 94 处，其中，农机经销点 17 个，供油点 31 处，维修点 77 处。经营收入 402 万元。2012 年，经营收入达 392.3 万元。

2013 年，随着技术水平的提高和经营资源的整合，农机经销点及维修点缩减为 67 处，经营收入达 601.4 万元。2014 年，农机经销点及维修点减少到 55 处，其中，农机经销点 17 个，供油点 30 处，维修点 26 处。经营收入达 613.5 万元。

2015 年，农机经销点及维修点共有 56 处，其中，农机经销点 17 个，供油点 31 处，维修点 26 处。经营收入达 614.5 万元。

2016 年，农机经销点及维修点共有 56 处，其中，农机经销点 17 个，供油点 31 处，维修点 26 处。经营收入达 634.5 万元。

2017 年和 2018 年，农机经销点及维修点共有 25 处。

第三节　农机培训

2009 年开始，河口区农机培训学校加强教师队伍建设，有计划地组织教师进行轮训。制订合理的教学实施计划。全区农机部门利用农闲季节，结合农机补贴工作，深入各乡镇 (街道) 开展农机新技术培训、新技术咨询服务，全年共培训农技人员 2600 余名，发放农机操作技术明白纸 3800 余份。

2010 年，为提高农机培训质量，河口区农机培训学校加强教师队伍建设，选择思想好、有实践经验、适宜教学的同志任教师。注意青年教师培养，有计划地组织教师进行轮训，离职进修和深入生产实践。学习各种专业技术，扩大知识面。

2011 年开始，每年培训新型技术农民 2300 人左右，发放农机操作技术明白纸 3000~4000 份。严格对拖拉机驾驶员进行培训和考试，使驾驶员真正掌握驾驶操作技术和简单的农机维修技术。

2014 年，开展农机安全教育培训讲座 4 次，培训指导农机操作手 300 余人次。

2015 年，重点加强对区镇两级 20 名农机技术人员的岗位教育、知识培训及更新。采取集中办班和现场实训等方式，加强基层推广机构人员知识更新速度。

2016 年，共开展各类培训班 8 次，基层农机技术推广培训 400 余人次，农机安全教育培训 200 余人，发放农机操作技术明白纸 500 余份。

2018 年，做好新型职业农民培训工作。今年依托省新型职业农民培训项目，组织农机合作社、农机大户 40 余人进行学习培训，在保障理论学习的基础上，参观潍坊迪尔津拖农业装备有限公司、山东萨丁重工有限公司，学习农业机械生产流程和最新技术，并开展土地整平、高效植保技术和农业机械日常维修与保养实际操作现场会。通过就地培养、吸引提升等方式，培育一批新型农机方面人才，发展壮大一支新型农机专业职业农民队伍。到 2018 年，累计培训人员达 15 万余人次。

第四节　农机推广

2009 年，推广各类农业新机械新机具 672 台 (套)。新增大中型拖拉机 109 台，推广秸秆还田机 42 台，配套机具 184 台，谷物和玉米联合收获机 43 台，免耕播种机 29 台。

2010 年，推广各类农业新机械新机具 974 台（套）。通过落实农机补贴政策，争取购机补贴资金 299.849 万元，新增大型拖拉机 88 台，推广秸秆还田机 31 台，谷物和玉米联合收获机 31 台，免耕播种机 21 台。

2011 年，推广各类农业新机械 1538 台（套）。2011 年通过认真落实农机补贴政策，争取购机补贴资金 399.88 万元，新增大中型拖拉机 158 台，推广秸秆还田机 20 台，谷物和玉米收获机 45 台 。

2012 年，推广各类农业新机械新机具 5638 台（套）。2012 年，落实农机补贴政策，争取购机补贴资金 489.8540 万元，新增大中型拖拉机 74 台，推广秸秆还田机 14 台，谷物和玉米收获机 29 台。推广各类农业新机械新机具 4668 台（套）。

2013年，通过认真落实农机补贴政策，争取购机补贴资金507.08万元，新增各类农业机械695台套，其中耕整地机械145台，拖拉机52台、收获机械73台，其中秸秆粉碎还田机10台。

2014年，推广各类农业新机械新机具525台（套）。2014年，通过认真落实农机补贴政策，争取购机补贴资金399.556万元，新增各类农业机械368台套，其中耕整地机械20台，拖拉机89台、收获机械56台。进行保护性耕作技术推广，完成保护性耕作面积2.51万亩。

2015年，完善农机推广体系工作机制，推进基层农机推广体系建设。进一步创新运行机制，完善以“包村联户”为主要形式的工作机制和“专家＋农机技术人员＋科技示范户＋辐射带动户”的技术服务模式，建立健全区、镇、村农机科技试验示范网络，建立服务承诺工作制度，创新农机推广方式方法，建立多元化主体合作推广机制。推广各类农业新机械新机具425台（套）。

2016年，为方便农机手学好用好农机新技术、新机具，河口区农机部门利用农闲季节，结合农机补贴工作，深入各乡镇开展农机新技术培训、新技术咨询服务，发放农机操作技术明白纸3000余份，受到广大农机手的一致好评。推广各类农业新机械新机具395台（套）。

2017年，为方便农机手学好用好农机新技术、新机具，河口区农机部门利用农闲季节，结合农机补贴工作，深入各乡镇开展农机新技术培训、新技术咨询服务，发放农机操作技术明白纸3000余份，推广各类农业新机械新机具395台（套）。

2018年，积极推广农机化新技术、新机具，加快推进主要农作物关键环节机械化。重点推广大型复式农机具、深松及整地联合机械。推广各种农机具100余台（套），更好地推动河口区农机化发展的步伐。

2019年，河口区以转变农机化发展方式为主线，以调整优化农机装备结构为主要任务，积极推广农机化新技术、新机具，加快推进主要农作物关键环节机械化。一是充分利用农机购置补贴，重点推广大型复式农机具、保护性耕作机械、深松及整地联合机械。二是积极指导慧海农机合作社投资建起200亩试验基地。基地在整春无雨情况下栽植，主栽品种达到亩产3500千克，为锦绣河口建设及当地红薯产业发展进行先期试验示范。三是以农机技术服务宣传队的形式，深入乡村开展机耕、机收等技术服务工作，指导服务农户600余人次，维修农机具500余台套次。

推广小麦全程机械化12.62万亩，推广玉米全程机械化生产16.72万亩，深耕、深松作业达到3万亩。推广各类农机具400余台（套），积极引导农民使用农机新技术、新机具，更好地推动了河口区农机化发展的步伐。是年河口区被评为山东省农机技术推广工作先进单位。

第五节　农机作业

2009年，全区机耕面积2.08万公顷，占总耕地面积的66.24%。其中小麦机耕0.075万亩，深耕1.2万亩。机播面积33.60万亩，其中小麦2.4万亩，机收面积6.6万亩，其中小麦2.1万亩。机械植保面积42.3万亩，其中棉花25.05万亩。机械覆膜25.05万亩。机械脱粒1.02万吨。机械化秸秆还田7.65万亩。农田水利建设工程完成土方182万立方米。

2010年，全区机耕面积47.40万亩，占总耕地面积的97.6%。其中小麦机耕面积1.95万亩，深耕面积 32.4 万亩。机播面积 50.51 万亩，其中小麦面积 0.80 万亩。机收面积 7.2 万亩，其中小麦面积 1.8 万亩。机械植保面积 42.30 万亩，其中棉花面积 25.05 万亩。机械覆膜 4.18 万亩。机械脱粒 1.02 万吨。机械化秸秆还田 0.77 万亩。农田水利建设工程完成土方 182 万立方米。

2011 年，农机从业人员发展到 11092 人，农机作业经营总收入 42345.8 万元，农业生产的机械化程度显著提高，完成机耕 50.20 万亩，完成机播 52.71 万亩，其中免耕播种 2.41 万亩，完成机收 6.72 万亩，其中玉米机收 2.46 万亩，机械植保 48.11 万亩。

2012 年，农机从业人员发展到 11100 人，农机作业经营总收入达 42332.3 万元，农业生产的机械化程度显著提高，完成机耕 48.45 万亩，完成机播 52.54 万亩，其中，免耕播种 3.30 万亩，完成机收 10.34 万亩，其中，玉米机收 6.68 万亩，机械植保 48.45 万亩。

2013 年，农机从业人员发展到 11100 人，农机作业经营总收入达 42332.3 万元，农业生产的机械化程度显著提高。当年完成机耕 45.53 万亩，完成机播 49.83 万亩，其中，免耕播种 4.25 万亩，完成机收 20.84 万亩，其中，玉米机收 12.03 万亩，机械植保 42.75 万亩。

2014 年，农机从业人员发展到 11215 人，农机作业经营总收入达 43256 万元，农业生产的机械化程度显著提高，完成机耕 48.85 万亩，完成机播 56.27 万亩，其中免耕播种 7.87 万亩，完成机收 32.40 万亩，其中玉米机收 18.15 万亩，机械植保 40.76 万亩。

2015 年，全区农业机械保有量达到 6500 余台，大马力拖拉机、联合收割机所占比例大幅提升，各类农机具如铧式犁、深松机、穴播机、施肥机、增氧机等逐渐普及。完成机械化作业面积 128 万亩，其中机耕 46 万亩，机播 50 万亩、机收 32 万亩，推广机械化秸秆还田 11 万亩、机采棉 2000 亩、机械深松耕 17 万亩。

2016 年，农机从业人员发展到 9725 人，农机作业经营总收入达 37925.8 万元，农业生产的机械化程度显著提高，2016 年完成机耕 24.91×10^3 公顷，完成机播 32.58×10^3 公顷，其中免耕播种 7.67×10^3 公顷，完成机收 23.78×10^3 公顷，其中，玉米机收 9.98×10^3 公顷，机械植保 30.562×10^3 公顷。

2017 年，农机从业人员发展到 9725 人，农机作业经营总收入达 39234.1 万元。2017 年完成机耕 21.5×10^3 公顷，完成机播 26.1×10^3 公顷，其中免耕播种 8.27×10^3 公顷，完成机收 21.48×10^3 公顷，其中玉米机收 8.35×10^3 公顷，机械植保 23.13×10^3 公顷。

2018 年，农机从业人员发展到 9487 人，农机作业经营总收入达 38508 万元。完成机耕 37.2 万亩，完成机播 45.8 万亩，其中，免耕播种 9.77 万亩，完成机收 37.73 万亩，其中，玉米机收 12.98 万亩，机械植保 35.48 万亩。

2019 年，全区春秋耕、机收、机播作业的农业机械分别达到 1200 余台、500 台、850 余台次。

第六节　农机管理

2009 年，区安监局、交通局、农业局、联合组织安全检查农业局并印发《关于开展全市上道路拖拉机检验及驾驶人安全教育培训工作的通知》，对年检和安全教育培训工作进行部署。召开全区的农机工作会议进行宣传发动，将上道路拖拉机、联合收割机台账、年检通知书分发到各镇。办好拖拉机及手扶式拖拉机安全教育；集中对联合收割机及驾驶人进行年度检审；通过组织观看电教录像、警示教育图板，农机监理人员讲授交通法规课、农机、交通典型事故案例分析，学习农机安全宣传教育材料、通报安全生产形势等内容的培训，增强了广大驾驶人的安全生产意识，为确保安全生产营造良好氛围。

2011 年，依法实施农机安全监督管理保证农机安全生产。在农忙季节区农机监理员、安检员进行田查路检的同时会同公安、安全等部门开展联合大检查，重点治理无证驾驶、无牌行车、超速、超载等违章现象。新创建农机安全村 2 个，农机安全合作社 2 个。2015 年，全区田查路检 1135 台次，2016 年全区田查路检 1200 台次。

2017 年，组织专门力量，对全区 5 个镇街和 20 余家农机合作社进行农机检验和农机安全检查，检验各类农机 300 余台，查出各类农机安全隐患 20 余起，对隐患的整改情况进行跟踪，确保整改到位，并与安全负责人签订安全责任状，落实安全责任，切实排除农机事故隐患，堵塞漏洞。大力宣传农机安全知识，提高群众农机安全意识，杜绝农机违法载人、酒后驾驶、无牌无证行驶、脱检漏审等违法违规行为。深入田间地头，检查拖拉机和联合收割机挂牌、办证和年检情况，排查整治无牌无证、拖盘上路、逾期不参加审验和非法改型等违法行为，对违法责任人依法进行严肃处理并责令其限期整改，及时排除农机安全隐患，确保农机作业安全。

2018 年，开展农机安全隐患排查，农忙耕种季节大力开展农机安全隐患排查行动。深入农户、农民合作社和田间地头，检查拖拉机和联合收割机挂牌、办证和年检情况，排查整治无牌无证、拖盘上路、逾期不参加审验和非法改型等违法行为，对违法责任人依法进行严肃处理并责令其限期整改，及时排除农机安全隐患，确保农机作业安全。

第七节　平安农机创建

2016 年，办理拖拉机挂牌 210 台，办理驾驶证 64 人，年度检验拖拉机 390 台。新创建农机安全村 1 个，农机安全村达到 36 个。办理农机落户 158 台，年检 388 台，购买农机交强险 130 余份。

2017 年，办理拖拉机及联合收获机械挂牌 158 台，办理驾驶证 112 人，年度检验拖拉机 388 台。

2018 年 5 月，通过农机清查专项行动，共清查农机 5700 余台，查清河口区在用农机 2361 台，其中规范（牌证齐全）在用 1311 台，应加强管理（无牌在使用年限内）225 台，应停止使用（超出使用年限）825 台。根据《河口区“十三五”时期创建“平安农机”活动实施方案》文件要求，积极开展 2018 年平安农机创建活动。经区农业局、区安监局研究，决定对河口区孤岛镇、河口区慧海农业机械农民专业合作社命名区级农机安全示范单位，示范推动河口区平安农机建设。

第五篇

种植业

ZHONG ZHI YE

境内种植业一直是农业经济的主导产业，2009年起，根据市场需求，河口区不断调整种植结构，大力发展水果、蔬菜、食用菌等高产高效经济作物的种植。加大科技投入，提高复种指数，最大限度地提高土地回报率。

第一章　耕作制度

第一节　熟制

境内主要农作物成熟仍如前志所述，2001 年后，种植结构有了很大的变化，故熟制结构也有了一些变化。一年一熟占 30.8%，一年两熟占 50%，两年三熟占 19.2%，复种指数变幅在 130.6%~150%。一年两熟制主要是冬小麦与夏玉米、夏高粱（间作绿豆）、夏大豆等。以冬小麦为主体，套种或麦收后接种夏播作物，秋收后再种小麦。两年三熟制的茬口主要是第一年为春播作物、冬小麦，第二年为晚秋作物。一年一熟制作物主要是棉花、花生、春大豆和水稻等。境内耕作方式主要有套作、轮作、间作、混作等。

第二节　套作

2001 年起，境内套作广泛用于春播作物中的棉花、花生、蔬菜等，即上一年小麦播种时直接留出套种行，春季多套种棉花、蔬菜。豆类、高粱次之。在一般情况下经济价值决定种植品种。至 2006 年，全区套种面积平均在 80~120 公顷。是年，全区套种面积 100 公顷，主要有蔬菜、花生、青食玉米、棉花等。后因该方法较费工费时，套种基本不再实行。2007 年起，河口区实施“三网绿化”，并大面积发展经济林生产，其后在树木成材之前，于林下套种花生、大豆等。

第三节　轮作

境内常用的耕作方式，即禾本科与豆类科作物轮作，俗称“换茬”。多采用高粱—小麦—玉米大豆或谷子—小麦—大豆两种形式。三种作物 3 年一轮。后又出现了小麦—大豆—小麦—玉米或谷子二年一轮的方式，同时棉花与粮食作物轮作亦成为近期实行的一种耕作制度。2001 年，全区轮作面积 6947 公顷，多为麦茬地，占全区农作物播种面积的 36.1%。2005 年，全区轮作面积 1902 公顷，占农作物播种面积的 13.5%；是年末，全区轮作面积 1197 公顷，占农作物播种面积的 5.6%。

第四节　间作

境内农民素有作物间作的习惯。多系夏玉米与夏大豆间作。即两行玉米四行大豆或两行玉米两行大豆。高粱与谷子间作俗称为“抢里加铜”。多为两行谷子一行高粱或四行谷子两行高粱种植。还有高粱与大豆或黍稷等杂粮间作，红薯或芝麻间作，棉花与西瓜间作等，2002年起境内出现了大量的枣粮间作、枣棉间作、枣菜间作等，土地利用率大幅提高。2006年，全区间作面积占耕地面积的21.8%。后仍呈增加趋势，并成为科技农业的一种主要形式。当年末，多见旱粮间作、林菜间作以及棉花和玉米间作等。

第五节　混作

2009年后，境内混作面积减少。起初多为棉花与芝麻、高粱与芝麻、高粱与谷子混作，群众称“满天星”。后有出现了小麦地里混作菠菜等。期间混作面积只占农作物播种面积的0.87%，至当年末，境内混作基本不再采用。

第六节　反季节种植

2009年起，农民科学种田成为一种时尚。特别在蔬菜、瓜果、食用菌的种植上多采用反季节栽培。起初多建起塑料大棚，常见的大田菜，如芹菜、黄瓜、番茄、韭菜等四季上市。后随技术的提高，建成标准化温室。瓜果如葡萄、草莓等均实现反季节采摘上市。

第二章　作物栽培与改良

第一节　农作物分布

河口区土壤质地不同，决定农作物分布的不同，粮食作物以东部为主，棉花西部分布较广，多分布于新户镇、义和镇、河口、六合两个街道东部，部分比较集中，多在济南军区生产基地（军马场）。花生和薯类则分布于西部的少部分沙壤土地。孤岛、仙河镇、军马场为水稻主产区（表5–1）。

表5–1　2010—2018年河口区农作物分布情况

乡镇	棉花（亩）	小麦	玉米	花生	红薯	水稻
新户镇	109228.7	7796	18418.5	2000	0	0
义和镇	78949	10630	14690.9	1000	1000	0
河口街道	39743.7	559	1294.7	0	0	0
六合街道	60550.85	793.2	2295.4	0	0	0
孤岛镇	543.5	0	472	0	0	0
仙河镇	2492	0	153.5	0	0	0

（续表）

乡镇	棉花（亩）	小麦	玉米	花生	红薯	水稻
生产基地	126207.6	4187	10209	0	0	5438
合计	417715	23965	47534	3000	1000	5438

注：小麦与玉米进行轮作，种植区域主要集中在义和镇、新户镇

第二节 粮食作物

小麦 境内当家粮食作物。其种植条件与环境要求十分严格。随着产业结构的调整，面积减少。群众选择地力较强，水利条件较好的地块进行种植，努力在提高单产上下功夫。特别注重促墒、足肥下种。来年春按季节重浇起身水、拔节水、灌浆水，并做好划锄保墒、培育壮苗。中高肥水品种有鲁麦21、鲁麦23、济南17、济麦19，旱作品种（系）0065系。小麦栽培技术主要有新品种的引进与推广，小麦精量、半精量播种、合理密植、种子包衣、病虫害的综合防治、配方施肥等技术。2010年，境内中高水肥品种有鲁麦21、鲁麦23、济南17、济麦19、潍麦8号。其主要栽培技术有新品种的引进与推广、精量、半精量播种、合理密植、种子包衣、病虫害的综合防治、配方施肥、氮肥后移高产优质栽培等。

亩产310千克左右。2013年，义和镇东北村‘民兴’小麦种植合作社引进‘黑小麦1号’‘黑宝石1号’新品种推广，并大面积种植。2016年，全区播种面积9.04万亩，2018年，小麦13.86万亩，2019年12.6万亩。

玉米 2010年，全区播种面积1316公顷（1.97万亩），单产484千克。主要产区在新户、义和两镇，河口、六合两街道次之。境内玉米主要品种有登海1号、掖单14、鲁单9002、登海6231、郑单958、农大108。其栽培技术主要是新品种引进、合理密植、病虫害综合防治。玉米属大水大肥作物，早期农民多施追肥，拔苗后将储存的炕洞灰撒入根部，后大量施用尿素碳铵等含氮量较高的化肥，并实行大水漫灌。在水浇条件较好的地块密植可达每亩4000~4500株。单产300千克以上，高者突破500千克。通过推广“一增四改”“一防双减”的关键增产技术，即增加种植密度，改种耐密品种，改套播为平播，改粗放施肥为配方施肥，改人工种植为机械化种植。期间的2012年，播种面积7.62万亩，单产447.73千克。品种多为登海1号、掖单14，其栽培技术主要是新品种的引进与推广，套种、合理密植、病虫害的综合防治等技术。主产区在新户、义和镇。2007年全区播种面积1186公顷（1.78万亩），单产516.2千克。2012年度玉米种植面积为76151.37亩。2013年玉米种植面积为13.40万亩。2016年，全区播种面积15.59万亩，单产500千克。2018年，全区播种面积15.59万亩，单产500千克。

大豆 2006年播种面积0.95万亩，单产由1984年的71千克/亩提高到2006年的158.2千克/亩，随着产业结构的调整，其主要栽培品种1984—1990年度有农革1号、齐黄1号、向阳1号；1991—2000年度有齐黄23、鲁豆10、鲁豆11；2001—2006年主要有鲁豆11、齐黄26、北京750。主产区在济南军区生产基地、六合街道等。亩产由2001年的90.9千克升至2007年的204.1千克。2009年起，

大豆种植由传统的粗放种植向科学种植转化，种植面积呈下降趋势。适当施肥、浇水，产量大幅提高。其种植结构为小麦换茬为主，春播大豆次之。亩产稳定在 175 千克上下。2012 年，大豆种植面积 1.89 万亩，较上一时期呈大幅上升趋势。2015 年，大豆种植面积 0.51 万亩，2018 年，大豆种植面积 4.34 万亩。年际变化波动较大。

高粱　其栽培主要是春播、稀植，夏播高粱极少，称“晚高粱”。高粱种植基本不施肥，或很少施肥，多在土地瘠薄，低洼地块种植，并有耐旱涝的特点。自进入 21 世纪，境内种植大幅减少，2010 年后，成片种植基本消失。

谷子　属禾本科的一种植物。古称稷、粟，亦称粱。一年生草本。广泛栽培于温带和热带，中国黄河中上游为主要栽培区，黄河三角洲地区早年间也有大量种植，20 世纪 80 年代后，由于粮食种植结构的变化，种植规模很快下降。进入 21 世纪，极少种植。2015 年，全区种植谷子 0.031 万亩，产量 63.4 吨，2016 年下降至 0.019 万亩，总产 37.1 吨。

水稻　2009 年后，由于受水资源制约，河口区水稻种植规模大幅缩小。2010 年以后，特别是在东部济南军区生产基地一带，继续探索水稻种植 。到 2015 年，全区水稻种植面积 6.9 万亩，主要分布在济军生产基地、仙河镇、新户镇等镇街地域。到 2015 年，一直保持在 7.0 万亩上下。主要水稻品种盐丰 47、锦稻 105、锦稻 104。2018 年，全区播种面积 6.78 万亩，亩产 465.7 千克，总产 3.2 万吨。

第三节　经济作物

棉花　境内农业主导产业。主要栽培品种有：33 B 、DP99B、鲁棉研 15（17、17、18、28）、中棉 29、国欣 3 号、GK–12 等。种植面积逐年扩大，2009 年 17702 公顷，占农作物播种总面积的 82.2%，总产 20420 吨。2010 年，棉花播种面积达到了 2.78 万公顷，总产籽棉 6.3 万吨(含济南军区生产基地)。品种也在不断更新和改良。2011 年开始，棉花的主要品种有：鲁棉研 28、鲁棉研 37、国欣 9 号、国欣 3 号、水浒棉 72–8 等，由于产业结构的不断变化，种植面积开始大幅减少。2016 年开始，棉花种植大幅减少，由 2015 年的 15.08 万亩，2016 年下降至 7.79 万亩，2017 再降至 4.47 万亩，2018 年跌至 4.52 万亩。

花生　境内土地多为沙质土，除盐碱地外，大多适合种植花生。种植花生的历史虽然较长。但管理粗放，栽培技术落后，经济效益不是很高。自 2010 年开始，随着人们生活结构的调整，对花生的需求越加提高，市场销售成为主打副食品，由此出现新户镇西华村的黑花生专业村，其他镇、街道很多村不同规模地种植花生。主要品种是引进的鲁花 9、鲁花 10、鲁花 11、平度 18、潍花 6，主产区义和、新户镇。2009 年，种植面积 526 公顷，总产 1672 吨。2010 年后，种植规模逐年减少，到 2018 年，徘徊在 0.3 万亩上下。

瓜菜　2001 年，境内蔬菜种植步入规模化发展。由自给变为市场化经营。主要品质有西瓜、冬瓜、南瓜、黄瓜、丝瓜、甜瓜、脆瓜、西葫芦、白菜、菠菜、辣椒、茄子、韭菜、葱、萝卜、马铃薯、芫荽、茼蒿、大蒜、藕、扁豆、豆角等。2002 年，瓜菜种植面积为 739 公顷，总产为 2.32 万吨。由于蔬菜生产对市场变化比较敏感，故境内的年种植面积和产量之变化幅度也很大，2006 年全区瓜菜面积为 0.7 万亩，2008—2010 年，全区种植面积稳定在 411 公顷左右，亩产由 2002 年的 2071.9 千克提高到 2525.5 千克。境内蔬菜的主打品种为大白菜、芹菜、黄瓜、番茄等。改良引进的新品种大白菜有鲁白 3、鲁白 7。芹菜多为日本西芹、美国墩。黄瓜品种有津研 4 号、津春 4 号、夏丰 1 号。番茄主要品种有毛粉 802、特大瑞光、尼加拉亚 144、以色列加茜亚、樱桃番茄等。至 2018 年，境内蔬菜品种多有更新，品质变化不大。期间食用菌种植出现很大突破，多种菌类食品上市。

到 2013 年，全区新建节能型联栋日光温室 1 处；新建各种大中拱棚 73 个，全区现有各种大棚 1200 余个。当年全区蔬菜累计播种面积为 0.88 万亩，其中，大田蔬菜生产面积为 0.58 万亩；小棚蔬菜播种面积为 0.02 万亩；大中棚蔬菜播种面积为 0.11 万亩；全年温室蔬菜播种面积为 0.17 万亩。大田蔬菜主要是种植大白菜、辣椒、茄子、黄瓜等常用蔬菜；设施蔬菜主要种植番茄、黄瓜、辣椒等。

2014 年，全区蔬菜累计播种面积为 1.04 万亩，比去年播种面积增加 0.15 万亩，其中大田蔬菜生产面积 0.83 万亩，比去年增加 0.26 万亩；小棚蔬菜播种面积为 0.005 万亩，比去年减少 0.015 万亩；大中棚蔬菜播种面积为 0.19 万亩，比上一年减少 0.07 万亩；全年温室蔬菜播种面积为 0.02 万亩，比去年减少 0.03 万亩。其他蔬菜种植面积为 0.24 万亩。大田蔬菜主要是种植大白菜、辣椒、茄子、黄瓜等常用蔬菜；设施蔬菜主要种植番茄、黄瓜、辣椒等。

2015 年，全区蔬菜总产为 4.01 万吨，比去年增加 0.541 万吨；其中露地蔬菜产量为 3.23 万吨，比去年增加 0.95 万吨；小棚蔬菜产量为 0.025 万吨，比去年减少 0.025 万吨；大中棚蔬菜产量为 0.68 万吨，比去年减少 0.27 万吨；温室蔬菜产量为 0.07 万吨。比去年减少 0.11 万吨。

2015 年，全区蔬菜累计播种面积为 1.17 万亩，比去年播种面积增加 0.13 万亩；蔬菜总产为 3.79 万吨，比上一年减少 2.15 吨。大田蔬菜主要是种植大白菜、辣椒、茄子、黄瓜等常用蔬菜；设施蔬菜主要种植番茄、黄瓜、辣椒等。

2016—2018 年，全区蔬菜累计播种面积为 1.1851 万亩；蔬菜总产为 3.028 万吨。大田蔬菜主要是种植大白菜、辣椒、茄子、黄瓜等常用蔬菜；设施蔬菜主要种植番茄、黄瓜、辣椒等。

油料 境域内油料作物有芝麻、花生、油菜籽三种，人们生活中食用多为花生油、豆油，芝麻油作为调味优品。食用油的来源多为商店购买，境内无加工企业。2013 年，全区花生面积为 0.50 万亩，其中，订单农业黑花生种植面积为 0.3 万亩。

第四节 良种推广

2009 年，河口区种子工作重点是抓好农作物优良品种引进、试验、示范、推广；推广良种良法配套新技术；加强种子质量检验和监督管理，结合河口区实际情况，积极引进审定的多个品种，并在全区试种反映较好的品种中又筛选出多个品种，如冀棉 958、鲁棉研 16、鲁棉研 18、鲁棉研 28 等几个品种，作为棉花良种工程主推品种，进行大面积推广种植。

是年，全区棉花种植实行良种补贴全覆盖，确定鲁棉研 16、冀棉 958、中棉所 45、鲁棉研 18、晋棉 38、中植棉 2 号共计 6 个常规优质品种。及时调入良种 31.75 万千克，发到 7 个镇、街道及济军基地棉农手中，确保全区 25 万棉花全部用上补贴良种。全区棉花良种补贴共涉及 7 个镇（街道）及济军基地，共有 190 个村或分场。11278 户棉农，享受国家棉花良种补贴资金 375 万元。实现品种布局的合理化，棉花良种覆盖率达 100%。

2010 年，河口区先后组织实施北京艾美尔盐碱地改良试验，180 个甜高粱品种对比及抗盐性试验。协助实施了 533.3 公顷的抗盐性新品种——菊芋的引种试验，组织实施张杂谷 8 号的引种试验，承担实施省农技站盖顶肥对棉花防早衰效果的试验。通过各种试验的实施，积极为种植业发展探索新路子。

2015 年，大力实施“盐碱地棉花丰产栽培技术项目”“棉花高产创建活动”“粮食高产创建等技术推广项目，引进农作物优良品种 38 个，推广先进生产技术 30 项，指导农民科学生产。

河口区为加快农业科技成果转化，加大稳产增产和防灾减灾关键技术推广力度，根据《关于公布 2015 年东营市农业主推技术和主导品种的通知》（东农发〔2015〕24 号），结合本区实际，确定公布 2015 年主推技术 30 项和主导品种 38 个（东河农发〔2015〕28 号）。

一、主推技术（30 项）

1. 小麦技术（5 项）

冬小麦宽幅精播高产栽培技术；小麦氮肥后移高产栽培技术；小麦规范化播种技术；冬小麦精播、半精播高产栽培技术；小麦深松免耕镇压节水栽培技术。

2. 玉米技术（5 项）

玉米“一增四改”技术；玉米精量播种高产配套栽培技术；夏玉米高产简化栽培技术；玉米适期晚收增产技术；夏玉米超高产关键栽培技术。

3. 大豆技术（1 项）

大豆窄行密植技术。

4. 花生技术（2 项）

花生单粒精播节本增效高产栽培技术；花生高产稳产综合配套技术。

5. 棉花技术（2 项）

棉花轻简化生产关键技术；抗虫棉超高产栽培技术。

6. 蔬菜技术（5 项）

日光温室蔬菜安全高效生产关键技术；食用菌菌渣基质化和肥料化利用关键技术；设施蔬菜连作障碍防控关键技术；食用菌夏季高效安全生产关键技术；食用菌工厂化生产关键技术。

7. 其他技术（8 项）

测土配方施肥技术；新型包膜控释肥施用技术；水肥一体化技术；玉米“一防双减”技术；农田节水与旱作农业技术；秸秆生物反应堆技术；沼渣沼液综合利用技术；土壤有机质提升技术。

8. 应急技术（2项）

小麦赤霉病防治技术；二点委夜蛾监测防控技术。

二、主导品种（38个）

1. 小麦良种补贴品种（3个）

鲁麦23号、济麦22号、鲁原502。

2. 夏玉米品种（9个）

郑单958、登海605、浚单20、登海618、登海3622、济玉901、农星129、金阳光7号、西星黄糯958。

3. 水稻品种（9个）

圣稻14、圣稻18、圣稻19、阳光600、临稻11、临稻18、临稻19、临稻20、圣稻20。

4. 大豆品种（5个）

齐黄34、齐黄36、潍豆8号、荷豆22号、中黄70。

5. 花生品种（12个）

（1）大花生品种（6个）：山花9号、花育35号、青花7号、花育33号、花育36、花育31号。

（2）小花生品种（6个）：山花8号、山花10号、山花13号、花育32号、花育23号、潍花14号。

第五节　种植结构

2010年河口区农业内部种植经济作物比例大幅上升。在努力提高单产确保总产的前提下，稳定粮食种植面积，进一步扩大经济作物播种面积，棉花、花生、蔬菜等多种经济作物得以迅速发展。是年，粮食、经济、油料作物种植总面积为3.34万公顷，其中全区棉花种植为2.78万公顷，占83.51%，粮食种植面积为5126.67公顷，占15.34%，蔬菜种植面积为133.33公顷，占0.4%，油料为300公顷，占0.89%。

2018年，全区农作物种植面积共计48.79万亩，其中小麦13.86万亩，玉米15.2万亩，水稻6.87万亩，大豆4.34万亩，棉花4.52万亩，高粱3.15万亩；2018年农作物总产量17.45万吨，其中小麦5.58万吨，玉米5.09万吨，水稻3.2万吨，大豆0.67万吨，高粱0.77万吨，棉花0.71万吨。从农作物种植总面积和总产量来看，种植总面积较2017年略有增加，总产量较2017年略有减少；从单产来看，与2017年持平；从种植结构看，棉花大幅减少，大豆、高粱等作物大幅增加，全区农作物种植结构趋于合理平衡。

第六节　绿色种植

2018年，区农业局积极组织新型职业农民培训、种粮大户技术培训、病虫防治专业化技术培训、农资经营人员培训、农业科技示范主体培训、耕地质量提升和化肥减量增效培训、农产品质量安全监管人员培训等十余次，促进农业产业化建设，提高农民科学用药、施肥水平，加大农业投入品监管力度，推进农业投入结构优化调整。深入镇街开展技术培训，积极开展田间技术指导培训，开展田间现场培训指导20余次。通过报刊、广播、电视、互联网等，结合赶大集等现场宣传方式，深入开展科学使用农药、合理施肥、秸秆综合化利用等主题宣传活动，大力宣传科学施肥知识、绿色防控技术，增强农民科学用药和合理施肥意识。

第三章　主要农产品生产

第一节　粮食

2008年全区农业生产实现稳定发展，粮食生产获得丰收。全年粮食总产1.1314万吨，其中：夏粮总产0.4464万吨；秋粮总产0.685万吨。

2009年，河口区粮食生产稳定发展，面积增加。全区粮食作物面积5000公顷，比2008年增加2906.67公顷，增幅138.85%。其中：夏粮(小麦)1400公顷，比2008年增加573.33公顷；秋粮合计3600公顷，其中：玉米面积3333.33公顷，比2008年增加2466.67公顷，大豆种植面积4000亩266.67公顷，比2008年增加66.67公顷。全年粮食总产2.8万吨，比2008年增产1.67万吨，增幅147%，其中：夏粮总产7400吨；秋粮总产2.06万吨，增幅200.73%。

2010年，河口区农业生产实现稳定发展，粮食生产面积增加并且获得丰收。全区粮食作物面积5126.67公顷，与上一年相当，其中：夏粮(小麦)1597.67公顷，比上一年增加200公顷；秋粮合计3533.33公顷，其中：玉米面积3200公顷，比上一年减少66.67公顷；大豆种植面积66.67公顷，比上一年减少133.33公顷。全年粮食总产2.62万吨，比上一年减产0.18万吨，其中：夏粮总产0.8076万吨；秋粮总产1.8124万吨。

2011年河口区农业生产实现稳定发展，粮食生产获得大丰收。全区粮食作物面积4.73万亩，比2010年粮食面积减少2.96万亩,其中：夏粮(小麦)1.615万亩,比上年减少0.7815万亩；秋粮合计3.11万亩，其中：玉米面积2.53万亩，比上年玉米面积减少2.27万亩；水稻种植面积0.5819万亩，与往年面积相当。全年粮食总产1.833万吨，比上年减产0.787万吨；其中：夏粮总产0.533万吨；秋粮总产1.3万吨。

2012年,全区粮食作物面积9.97万亩,比2011年粮食面积增加5.29万亩,其中：夏粮(小麦)1.33万亩，比2011年减少0.29万亩；秋粮合计8.64万亩，其中：玉米面积7.62万亩，比2011年玉米面积增加5.09万亩；水稻种植面积1.02万亩，与2011年增加0.44万亩。预计全年粮食总产3.05万吨，比2011年增加1.22万吨；其中：夏粮总产0.58万吨；秋粮总产2.46万吨。全区粮食平均单产305.92

千克，比2011年粮食平均单产减少74.63千克。

夏粮在棉花减少0.29万亩的情况下，单产增加110.6千克，总产增加0.05万吨。小麦增产的主要是亩株数增加8.481万株、千粒重增加1.48粒。

秋粮面积和总产虽然增加，但单产减产严重，受涝灾和风灾影响，预计全区玉米单产300千克，减产25%；总产1.95万吨，比去年增加0.94万吨。玉米产量构成亩株数3700株，同比减800株；穗粒数350粒，同比减30粒；百粒重30克。

2013年，全区粮食作物面积19.09万亩，小麦（夏粮）2.14万亩；秋粮合计16.95万亩，其中，玉米面积13.4万亩；水稻种植面积2.09万亩；高粱1.46万亩。全年粮食总产5.81万吨，其中，夏粮总产0.86万吨；秋粮总产4.95万吨。

2014年，全区粮食作物面积27.96万亩，小麦（夏粮）4.77万亩；秋粮合计23.19万亩，其中，玉米面积19.09万亩；水稻种植面积4.1万亩。全年粮食总产14.38万吨；其中，夏粮总产2.1万吨；秋粮总产12.28万吨。

2015年，全区粮食作物面积36.81万亩，小麦（夏粮）9.99万亩，秋粮合计26.82万亩，其中，玉米面积19.31万亩；水稻种植面积7.2万亩，高粱0.31万亩。全年粮食总产19.09万吨；其中，夏粮总产4.36万吨；秋粮总产14.73万吨。

2016年，全区粮食作物面积37.08万亩，小麦（夏粮）9.04万亩，秋粮合计28.04万亩，其中，玉米面积15.59万亩；水稻种植面积8.97万亩；大豆种植面积2.18万亩；高粱1.3万亩。全年粮食总产18.17万吨；其中，夏粮总产3.996万吨；秋粮总产14.17万吨。

2017年，全区粮食作物面积39.07万亩，小麦（夏粮）12.25万亩；秋粮合计26.82万亩，其中，玉米面积14.25万亩；水稻种植面积7.92万亩；大豆种植面积2.54万亩；高粱1.89万亩；薯类0.22万亩。全年粮食总产19.45万吨；其中，夏粮总产4.72万吨；秋粮总产14.73万吨。

2018年，全区粮食作物面积43.52万亩，小麦(夏粮)13.86万亩；秋粮合计29.66万亩，其中：玉米面积15.2万亩；水稻种植面积6.87万亩；大豆种植面积4.34万亩；高粱3.15万亩。全年粮食总产15.51万吨；其中：夏粮总产5.58万吨；秋粮总产9.93万吨。

第二节　棉花

2009年，全区棉花种植面积26.55万亩，全年棉花皮棉总产2.04万吨。

2010年，全区棉花播种面积剧增至41.7万亩。其中：济南军区生产基地8418.87公顷，总量比上一年增加58.2%。籽棉总产6.3万吨。

2011年，全区棉花播种面积47.63万亩（其中：济南军区生产基地14.1812万亩，新户镇12.6363万亩，义和镇9.3596万亩，六合街道办事处6.6222万亩，河口街道办事处4.4973万亩，孤岛镇0.0718万亩，仙河镇0.2586万亩）。比2010年全区棉花种植面积增加5.93万亩；2011年棉花籽棉总产8.7万吨。

2012 年，播种面积 40.89 万亩，籽棉单产 120 千克，籽棉总产 4.9 万吨。

2013 年，棉花播种面积 27.6 万亩，籽棉单产 150 千克，籽棉总产 4.14 万吨。

2014 年，播种面积 22.05 万亩，籽棉单产 210.5 千克，籽棉总产 3.06 万吨。

2015 年，播种面积 15.08 万亩，籽棉单产 180 千克，籽棉总产 2.71 万吨。

2016 年，播种面积 7.79 万亩，籽棉单产 203 千克，籽棉总产 1.58 万吨。

2017 年，播种面积 4.47 万亩，籽棉单产 200 千克，籽棉总产 0.89 万吨。

2018 年，播种面积 4.52 万亩，籽棉单产 156 千克，籽棉总产 0.71 万吨。

第三节　油料

2009 年，全区油料作物种植面积下降至 333.33 公顷，总产 1400 吨。芝麻，2001 年播种面积 11 公顷，总产 22 吨，后至 2010 年，播种面积始终未能突破 10 公顷。总产徘徊于 6~7 吨。2008 年，播种面积 3 公顷，总产 3.0 吨；2009 年，播种面积 4.67 公顷，总产 7.0 吨。油菜籽 2007 年播种面积 22 公顷，总产 34 吨，2009 年，播种面积 51 公顷，总产 141.45 吨。2010 年，全区油料作物以花生为主，2014 年达到 0.6 万亩，后至 2018 年，种植面积徘徊在 0.3 万亩。在整个种植业中比例很小。

第四节　蔬菜

2008 年，种植面积回升至 265 公顷，总产量 0.95 万吨。2009 年前后，外埠市场流通加快，大量蔬菜涌入。境内种植面积减少，分布范围也逐渐减小，而蔬菜市场趋于饱和。2010 年，蔬菜总产 1.3 万吨。其中：义和镇、六合乡、太平乡新增发展食用菌 3 万平方米。2011 年，各种蔬菜种总产 1200 吨。2013 年，蔬菜产量比较稳定，单产 3000 千克左右，总产 0.9 万吨。

第五节　食用菌

2011 年，食用菌产业在招商引资的带动下，实现产业升级，山东道香一品生物科技有限公司，计划投资 6.7 亿元，年生产能力 5 万吨珍稀食用菌，占地 200 亩。2012 年，食用菌产业异军突起。有现代化高标准食用菌龙头企业 1 家，工厂化加工企业两家，菜菌循环示范区 1 处，全区食用菌产业由原先的庭院式生产实现工厂化加工，产品由低级的平菇向高端产品蟹味菇、白玉菇的转变。食用菌产业累计总投资 4.5 亿元，建设现代化标准厂房 6.0 万平方米。山东晨阳菌业有限公司占地面积 478 亩，总投资 3.5 亿元，建有现代化标准厂房 3.6 万平方米。 2011 年 8 月投资建设，公司现已通过 ISO 9001 质量管理体系和 ISO 14001 环境管理体系认证。2012 年 3 月投产，7 月底出产品，9 月初满负荷生产，每天出产品 10 吨，主要生产白玉菇、蟹味菇。东营森源菌业有限公司投资 0.8 亿元，建成 1.5 万平方米的厂房，现进入安装调试时期；河口街道高效生态农业（菌菜）循环产业示范园当年投资0.3亿元，现已建设18个蔬菜大棚，24个食用菌已基本建设完工。

2012年，河口区植保站承担建设“山东省珍稀食用菌高效栽培技术推广”项目，项目核心示范区位于新户镇新兴村，依托河口区新盈食用菌专业合作社，建设核心示范区100亩，栽培设施21个，共完成建设投资200万元，产品申报商标注册和绿色产品认证，基地食用菌年总产量200吨，产值200万元。项目实施严格按照实施方案，落实标准化生产技术规程，积极开展技术服务体系建设。共举办食用菌技术培训班4期，培训菇农200余人次，使菇农人均收入提高了5320元。

依托森源、晨阳菌业工厂化高档食用菌生产，大力发展食用菌标准化种植基地，从品种的筛选与培育到食用菌现代化设施生产，大力推行标准化，逐步形成区域化、规模化、专业化生产格局。重点发展设施食用菌种植基地1000亩，其中河口街道200亩，六合街道300亩，新户镇500亩，以发展双孢菇等生产为主，年产食用菌达6万吨。

2013年，实施食用菌周年高效栽培技术示范推广项目，项目试验成功并在全区推广，实现了食用菌产品的周年供应，增加了菌农收入。食用菌生产面积近90万平方米，食用菌总产1.6万吨。是年全区蔬菜总产3.0万吨，比2012年增加0.77万吨。

第六节　水 果

2008年,全区果树总面积8801.3公顷。除冬枣面积稳定在8000公顷外,其余果类均出现大幅下降。2010年，全区果树总面积3888.8公顷，其中苹果616.3公顷，梨200.7公顷，桃73.1公顷，杏42公顷，葡萄22公顷，枣类2893公顷，其中冬枣2844.7公顷。

冬枣　2009年，实施冬枣标准化生产。编订蔬菜、冬枣等标准化生产技术规程或标准近20项。2010年,河口区冬枣生产位居东营市之首。主要分布在新户镇、义和镇。其余镇、街道均有规模化种植。

冬枣大规模种植起于2002年，面积5066.7公顷，总产达1.138万吨。2006年，基本实现了冬枣的园林化种植。2009年，园林化种植面积达6000公顷，占总面积的75%。带动全区农民人均增收100余元。终成境内之特色优势产业。2010年，实有面积2844.7公顷，总产1.74万吨。

2011年实施省级冬枣标准化示范项目，新建、改造冬枣标准化示范园1000亩，辐射带动3000亩，通过推广测土配方施肥、生物农药、黏虫胶等新技术，强化产品营销，打造“黄河口”冬枣品牌。2012年，依托新盛、天河湾等专业合作社建设冬枣标准化生产基地3万亩，严把质量关，保证各个生产环节符合绿色食品生产要求。成功举办第3届黄河口冬枣评优会，实施东营市“黄河口”系列果品市场营销项目，鼓励全区林果企业和专业合作社开展果品销量活动，拓宽“黄河口”果品市场空间。2012年，全区总产量1.64万吨。2013年，总产1.01万吨。2014年，总产量10.08万吨。2015年，总产量1.031万吨。2016年，总产1.01万吨。

苹果　2005—2008年由于品种更新，产量下降。年均总产量3300余吨。2009年猛增至8565吨。

创历史最高。2010 年，实有面积 0.81 万亩，总产 8.56 万吨。

2011 年，实施以苹果为主的林果产业标准化建设工程。在义和镇梁家村实施市级老果园更新改造 600 亩，推广“大改形、强拉枝、巧施肥、无公害”4 项关键技术，聘请果树专家全程指导，提高果品质量，确保产出“富硒”等绿色高档果品；在新户镇建设 1 处 1000 亩的市级幼龄苹果标准化示范园，逐步形成林果产业区域化布局、规模化发展、标准化管理的新格局。

2011 年，苹果园面积 1.03 万亩，总产 1.14 万吨。2012 年，在义和镇梁家村实施 1000 亩林果基地标准化改造项目，聘请山东农业科学院、青岛农业大学的专家进行指导，建成富硒苹果示范园 800 亩和套纸袋示范园 200 亩，为市场提供绿色健康的高档苹果。在义和镇清河村实施市级林果产业园建设项目，推广应用“改良树形、节水灌溉、配方施肥、综合防控病虫”等技术措施，建设高效生态示范园 600 亩。是年 11 月，河口区 4 名果农代表东营市成功进入“山东省苹果王大赛”决赛。是年，全区实有苹果园面积 0.28 万亩，总产 1.17 万吨。2013 年，苹果种植面积 1.47 万亩，总产 2.030 万吨。2014 年，面积 1.21 万亩，总产 20.36 万吨。2015 年，苹果园面积 1.32 万亩，总产 2.118 万吨。2016 年，苹果园面积 1.33 万亩，总产 2.12 万吨。

梨　多分布于济南军区生产基地（军马场）。以鸭梨、丰水梨为著称。其余香水梨、绿宝石、黄金梨、长把梨、酥梨、小白梨、雪花梨等，除济南军区生产基地（军马场）外，义和镇黄河故道亦有种植。新户镇次之，六合街道再次之。种植规模为：2007—2009 年，进入规模化时期，年均总产 0.49 万吨。2010 年，种植面积 0.28 万亩，总产 0.37 万吨。2011 年，实有面积 0.03 万亩，总产 0.48 万吨。2012 年，实有面积 0.09 万亩，总产 0.44 万吨。2013 年，全区梨园面积 0.028 万亩，总产 0.44 万吨。2014 年面积 0.25 万亩，产量 0.47 万吨。2015 年，梨园面积 0.26 万亩，总产 0.47 万吨。2016 年，梨园面积 0.22 万亩，总产量 0.04 万吨。

桃与杏　多分布于济南军区生产基地，各镇、街道少有分布。六合街道油桃栽培技术，义和镇引进栽培凯特、金太阳新品种先后引进成功。桃类品种有寒露密、安丘密、双面红、六月红、青桃、中华桃、新川中岛、中华寿桃、早露蟠桃、春艳、曙光、五月鲜、毛桃等系列。杏类品种有红荷包、红丰、李梅杏、大红袍、毛杏等。2010 年末，实有面积 0.07 万亩，桃总产 0.02 万吨，杏 0.01 万吨。2011 年，桃总产 0.09 万吨，杏 0.05 万吨。2013 年，桃园面积 0.06 万亩，桃产量 0.09 万吨，杏 0.05 万吨。2014 年，面积 0.04 万亩，桃产量 0.02 万吨，杏产量 0.01 万吨。2015 年，面积 0.049 万亩，总产桃 0.016 万吨。2016 年，桃园面积 0.586 万亩，总产量 0.054 万吨，杏产量 0.027 万吨。

葡萄　2001 年，全区栽培面积 3.3 公顷，2006 年 20.5 公顷，2008 年，种植面积由 2001 年的 3.3 公顷，上升至 33.7 公顷。主要分布在济南军区生产基地、河口街道、义和镇。其余均有少量分布。主要品种有巨峰、玫瑰香、红提、黑提、京亚、美人指、陆奥等。2006—2009 年，均总产近 300 余吨。2010 年，实有面积 22 公顷，总产 426 吨。2012 年，葡萄园面积 0.09 万亩，总产 0.05 万吨。

2013 年，葡萄园面积 0.094 万亩，产量 0.071 万吨。2014 年，面积 0.08 万亩，产量 0.07 万吨。2015 年，葡萄园面积 0.083 万亩，总产 0.074 万吨。

第四章　病虫害防治

第一节　常见农业病虫害

近 10 年间，境内常见的农业病虫害共计 212 种。其中病害 104 种，害虫 108 种（表 5-2）。

害虫　有鳞翅目 39 种，鞘翅目 14 种，同翅目 18 种，直翅目 24 种，双翅目 14 种，缨翅目 4 种，膜翅目 1 种，蜱螨目 4 种。

病害　农作物受真菌、细菌、病毒和线虫侵染表现出来的症状谓之病害。病害分类：其中真菌病 79 种，细菌病 8 种，病毒病 12 种，线虫病 5 种。

表 5-2　2009—2018 年河口区主要作物病虫害表

作物	虫　害	病　害
小麦	麦蚜、麦蜘蛛、麦叶蜂、黏虫、棉铃虫	白粉病、锈病、全蚀病、赤霉病、根腐病、黄矮病、丛矮病
水稻	稻纵卷叶螟、稻飞虱、稻水象甲、二化螟	稻瘟病、纹枯病、叶枯病
高粱	高粱条螟、高粱蚜	黑穗病、炭疽病
谷子	粟灰螟、黏虫	锈病、黑穗病、白发病
玉米	玉米螟、玉米蚜、红蜘蛛	青枯病、黑粉病 大小叶斑病、粗缩病
大豆	豆天蛾、大豆食心虫、造桥虫、豆蚜	花叶病
棉花	棉铃虫、棉蚜、红蜘蛛、棉花铃虫、蛛棉蚧、棉蓟马、 棉小造桥虫、烟青虫	枯萎病、黄萎病、立枯病、炭疽病、棉铃病、角斑病、茎枯病
蔬菜	菜青虫、韭蛆、菜螟、葱蝇、美洲斑潜蝇	软腐病、霜霉病、病毒病
其他杂粮	美洲斑潜蝇、地瓜天蛾、芝麻蚜虫、蛴螬、小地老虎、 黏虫（籽蝗）	花生叶斑病、地瓜黑斑病

2009 年，贯彻“预防为主，综合防治”的植保方针，着重搞好粮油作物主要病虫草鼠害的测报预警并拓宽经济作物病虫测报，同时做好植物检疫农残检测以及植保新技术推广等工作。

粮食作物病虫害

小麦病虫害　河口区小麦病虫害有 113 种，其中害虫 85 种，病害 28 种，常造成较重为害的害虫 25 种、病害 16 种。害虫主要有麦蚜、麦红蜘蛛、一代棉铃虫、一代黏虫、麦叶蜂、地下害虫等；病害主要有小麦白粉病、锈病、全蚀病、纹枯病、黄矮病、根腐病等。2008 年起，因春季多干旱，麦蜘蛛属偏重发生。地下害虫（蝼蛄、蛴螬、金针虫）是小麦的主要害虫之一，由于农民注重防治，基本控制了危害。小麦条锈病、叶锈病、秆锈病是小麦的严重病害。小麦条锈病，在境内大多有发生。小麦叶锈病，小麦秆锈病降为次要病害。小麦白粉病少有发生。

玉米病虫害 玉米病虫害89种，其中虫害78种，病害11种。主要病虫有玉米螟、二代与三代黏虫、玉米蚜、玉米大叶斑病与小叶斑病、黑粉病等。玉米螟是玉米的主要害虫。2008年起，随着夏播玉米和套种玉米面积扩大，春玉米面积减少，使玉米螟发生程度发生了明显变化，导致一代玉米螟在春玉米田年年大发生，二代、三代产卵分散，呈现逐年减轻的趋势。玉米大、小叶班病曾是常发病害。由于高产抗病早熟品种的大力推广，加之天气干旱，危害大大减轻。部分玉米田玉米粗缩病发生比较严重，由于防治方法得力，没有造成大的危害。

水稻病虫害 水稻病虫有49种,其中虫害31种,病害18种。主要病虫有二化螟、稻纵卷叶螟、飞虱、稻水象甲、稻苞虫、红线虫、稻瘟病、恶苗病等。2008年起，二化螟、稻纵卷叶螟、稻苞虫一直为中等发生。由于外省的稻种大量引进,水稻恶苗病发生程度一直呈上升趋势。稻飞虱一直呈中等偏重发生，稻瘟病一直为中等偏轻发生。

其他粮食作物病虫害 近代由于种植结构和品种的变化，大豆田病虫为害情况发生很大变化，以前的主要病虫演变为次要病虫，棉铃虫、甜菜夜蛾、二斑叶螨上升为主要害虫。大豆孢线虫为害渐重，大豆根腐病近几年发病呈上升趋势。粟穗螟是谷子、高粱穗部的重要害虫，发生呈下降趋势。甘薯黑斑病是甘薯的主要病害，由于积极选育、引进抗病品种，科学进行药剂防治，病害得到有效控制。

棉花病虫害 河口区棉花病虫害68种，其中害虫39种，病害29种。造成较大为害的病虫有21种。害虫主要有棉蚜、棉铃虫、甜菜夜蛾、棉盲蝽蟓、小地老虎、二斑叶螨、棉红蜘蛛、黄地老虎等。病害主要有棉花立枯病、枯萎病、黄萎病、茎枯病、炭疽病、红叶枯病等。这些病虫在不同时期交错发生，为害严重。

杂食性害虫 境内危害农业的杂食性害虫主要有黏虫、蝼蛄、金针虫、蛴螬、黄地老虎、小地老虎及土地蝗等，为害多种作物。

黏虫 是一种间歇性暴发成灾大的害虫，一代、二代黏虫在麦田中少有发生，基本不造成为害，三代为害严重。

蝼蛄、蛴螬、地老虎 是境内的主要地下害虫。蝼蛄分布广为害重。地老虎在河口区主要有小地老虎和黄地老虎两种，小地老虎主要发生在黄河滩区和内涝区，由于天气偏旱，发生面积下降，为害减轻。同期，黄地老虎一直发生比较严重，特别是为害棉苗较重。

蝗虫 是河口区历史上为害最严重的害虫，除东亚飞蝗常发生严重外，土蝗有时也常造成为害。河口区土蝗种类共53种，优势种有笨蝗、小车蝗、中华稻蝗、大垫尖翅蝗、短额负蝗等。实行联产承包责任制以来，由于防治害虫投入的提高，措施得力，有效控制了各种土蝗为害。

农田害鼠 河口境内农田害鼠种类有7种，大仓鼠为农田优势种，其次为黑线姬鼠、黑线仓鼠。其中大仓鼠占总捕鼠量的41%。

农田杂草危害 境内旱田以田旋花、婆娘蒿、马唐、狗尾草、捧头草、芦苇等杂草为主；水田则以稗草、莎草、牛筋草、水绵等为主。在农田形成灾害（田荒）时，多以除草剂处置。

第二节 发生与防治

自2009年开始，河口区农作物病虫害防治实施三项措施。一是化学防治。随着农药品种和数量增加，化学控制成为该阶段控制病虫害的主要手段，化学防治的发展，也促进了施药工具的改进和施药技术的提高，手动喷雾器、喷粉器成为农家的必备生产工具，飞机防治病虫害在这一阶段也有较多应用。施药技术上，农药拌种、浸种、浸苗、处理土壤、毒土，喷撒等多种施药技术并用，以提高控制病虫的效果。二是化学防治与生物防治并举。由于化学农药的有害副作用被逐步认识，仍注重生物防治技术的引进研究与推广，在化学防治的同时，生物防治害虫一度发展。三是综合防治。通过植保工作者进一步探索由一病一虫的防治，改为以作物为单位的病虫综合防治。从棉花、小麦病虫的综合防治入手，研究综合防治技术，建立样板，组织示范，开展综合技术开发。在取得经验的基础上，进而扩大到玉米、大豆、大白菜等作物病虫害的综合防治。

农田害鼠防治 河口区仍按照要求强化灭鼠领导体系，农业和卫生部门密切配合，推行“两集中”“四统一”的组织方法，集中时间、集中力量，统一领导、统一配制毒饵、防治配套技术和小麦秋种农药拌种兼治农田鼠害技术，降低防治成本，提高防治效果，近10年间，农田鼠害大为减少。

农田杂草治理 近十年间，境内农民采取锄地或拔草防除杂草，劳动强度大，而且常因防除失时而导致农田草荒。植保工作人员先后对小麦、玉米、大豆、果树、水稻进行化学除草试验，筛选除草剂，研究施药技术，推动化学除草。全面普及小麦田化学除草，化学除草剂推广面积达到农作物种植面积的95%以上。

常见农作物病虫害 境内历年发生不同程度的农作物病虫害，除蝗虫灾害外，常见农作物病虫害有小麦蚜虫和锈病，玉米二代玉米螟、黏虫、红绿灯蛾、蚜虫，谷子粟灰螟和黏虫。棉花有棉蚜、红蜘蛛、盲蝽蟓、1~3代棉铃虫等。林木有害生物共计23种。其中外来林木7种，分别是：美国白蛾、杨扇舟蛾、杨小舟蛾、锈色粒肩天牛、光肩星天牛、苹果绵蚜、日本龟蜡蚧；本地为害较重的林木有害生物16种，分别是：膜肩网蝽、云斑天牛、桑天牛、绿盲蝽、榆蓝叶甲、枣瘿蚊、大袋蛾、春尺蠖、黄刺蛾、槐尺蠖、枣尺蠖、榆毒蛾、杨毒蛾、柳毒蛾、杨树溃疡病、杨树黑斑病（其防治见林业一章）。地下害虫仍为蝼蛄、蛴螬和金针虫。

2010年，河口区农作物病虫草鼠害发生面积总计750.72万亩次，其中病害45.43万亩次，虫害438.39万亩次，飞蝗121.8万亩次，农田草害134.1万亩次，农田鼠害11万亩次；病虫草鼠害防治面积总计1412.02万亩次，其中病害防治面积37.46万亩次，虫害防治面积1136.29万亩次，飞蝗防治面积105万亩次，农田草害防治面积123.27万亩次，农田鼠害防治面积10万亩次。

小麦病虫害 2009年，小麦病虫害发生面积2.9万亩。2010年，当年小麦病虫发生较往年偏重，发生程度3级，发生面积3.45万亩，防治面积3.35万亩次，挽回损失1654吨，其中病害发生面积0.6万亩次，虫害发生面积为2.85万亩。

2011年，小麦病虫发生较往年偏重，发生程度3级，发生面积3.45万亩。

2015 年，全区 6 个镇街的 177 个行政村，及时对小麦全蚀病等外来有害生物进行监测和普查，普查面积 16 万亩次。经普查，没有发现疫情发生。

2016 年，对辖区内 9.04 万亩小麦“一喷三防”所需药剂进行物化补助，对全区 13 个省定贫困村种植小麦在发放药剂的同时，由河口区飞防农业机械农民专业合作社实施统防统治。通过实施小麦“一喷三防”项目，充分调动农民生产投入积极性，增强小麦抗逆性，促进小麦稳产增产。

2017 年，根据省市通报，今年山东省小麦条锈病在多个地市不同程度发生，形势严峻。区委区政府高度重视，迅速安排，区农业局抓住防治关键时期，组织专业化统防统治服务组织，自 5 月 12 日开始对全区小麦进行集中统防统治，截至 5 月 18 日，防治工作圆满结束，共投入防治资金 175 万元，累计动用小型直升机 2 架、无人飞机 80 架、大型喷杆喷雾机 20 台、各类保障车辆 40 台，防治总作业面积 12.48 万亩，其中惠及贫困户 330 户、小麦面积 2818 亩。此次覆盖全区、行动迅速的小麦病虫害统防统治，应用先进的全机械化植保防治药械，不仅效率高，而且药效好。全区小麦病虫害发生得到有效控制，未现小麦条锈病发生。

2017 年、2018 年连续两年安排专项资金用于全区小麦开展病虫害统防统治，区财政已经连续投入 391.5 万元，用于农作物病虫害专业化防治工作。这些政策的制定、资金的投入有力的推动全区植保统防统治工作的发展提升。全区各类病虫害防治组织经发展到 34 家，专业化防治队伍已发展到 8 家，从业人员达到 170 余人，拥有无人防治飞机 30 架，大中型植保药械 50 余台（套），小型植保药械 260 台（套），日作业能力 2 万亩，其中已注册的日作业能力在 3000 亩以上的 3 家（表 5-3）。

棉花　2010 年，河口区棉花病虫害总体为中等偏重发生，较去年偏重，总发生面积 467.2 万亩次，防治总面积 1149.2 万亩次，挽回经济损失 14329 吨。其中棉花虫害发生 426 万亩次，主要为棉蚜、棉铃虫、棉蓟马、棉盲蝽；病害发生 41.2 万亩次，主要为苗病、炭疽病、黄萎病。

玉米病虫害　玉米 2009 年，玉米病虫害发生面积 3.7 万亩次，2010 年，发生面积 4 万亩次。虫害发生 2.6 万亩次，其中玉米螟中等发生，二代发生面积 1.1 万亩次，三代发生面积 0.4 万亩次；病害发生 1.4 万亩次，其中玉米病毒病发生 1.2 万亩次，玉米大斑病发生 0.1 万亩次。玉米病虫害防治面积在 3.65 万亩次，防治效果 95.8% 左右，挽回经济损失 1070 吨。

2012 年，境内黏虫大暴发，提前预报，河口区及时下发《黏虫病虫情报》和《黏虫防治技术意见》，组织群众有效开展“统防统治”。

2016 年，玉米杂草防治技术、玉米苗期病虫综合防治技术、保护地蔬菜先进药械化学防治技术等。全面提升河口区重大有害生物防控工作的组织化、社会化、机械化和科学化水平。

表 5-3　2009—2018 年河口区农业病虫害发生与防治情况记略表

年度	病虫害发生情况	防　治
2009	河口区发生 505.1 万亩次，其中棉花病虫害发生面积 309.2 万亩，小麦病虫害发生面积 2.9 万亩，玉米病虫害发生面积 3.7 万亩次，花生病虫害发生面积 3.6 万亩，东亚飞蝗发生 122 万亩次	防治 673.6 万亩次，其中棉花病虫害防治面积 512.2 万亩，小麦病虫害防治面积 2.9 万亩次，玉米病虫害防治 3.5 万亩次，花生病虫害防治面积 4.8 万亩，东亚飞蝗防治面积 95 万亩

（续表）

年度	病虫害发生情况	防 治
2010	河口区农作物病虫草鼠害发生面积总计750.72万亩次，其中病害45.43万亩次，虫害438.39万亩次，飞蝗121.8万亩次，农田草害134.1万亩次，农田鼠害11万亩次；病虫草鼠害防治面积总计1412.02万亩次，其中病害防治面积37.46万亩次，虫害防治面积1136.29万亩次，飞蝗防治面积105万亩次，农田草害防治面积123.27万亩次，农田鼠害防治面积10万亩次	防治面积总计1412.02万亩次，其中病害防治面积37.46万亩次，虫害防治面积1136.29万亩次，飞蝗防治面积105万亩次，农田草害防治面积123.27万亩次，农田鼠害防治面积10万亩次
2012	农作物病虫草鼠害属于中等偏重发生年份，发生面积共计927.36万亩次，其中病虫害发生面积为641.96万亩次，飞蝗发生面积为124万亩次，农田草害发生面积为151.4万亩次，农田鼠害发生面积为10万亩次	防治面积共计815.46万亩次，挽回经济损失66098吨，实际损失17348.8吨。其中病虫害防治面积为608.46万亩次，飞蝗防治面积为96万亩次，农田草害防治面积为108万亩次，农田鼠害防治面积为3万亩次
2013	全区各类农作物病虫草鼠害发生面积927.16万亩次	防治面积为1206.26万亩次
2014	全区各类农作物病虫草鼠害发生面积282.97万亩次，防治面积为332.87万亩次	借助农民科技培训工程，重点培训了蝗虫、棉铃虫、棉盲蝽等重大病虫综合技术、小麦病虫害防治技术和农田杂草防除技术，培训人数达600余人次，累计发放技术资料2000余份，利用电视、报纸、网络等把病虫发生与防治信息及时传播。在重大病虫防治期间用电视新闻报道发布防治信息，东亚飞蝗查治工作通过电视报道。大力推广绿色防控技术，推广高效、低毒、低残留农药和生物农药，目前河口区高效低毒农药覆盖率达80%以上。以“3612345”民生热线为平台，全年接受电话咨询约30余次，现场答复10余次。推行统防统治和专业化防治。按照统一防治时间、统一用药配方、统一防治方法、统一防治质量的要求开展防治的面积达90%以上。积极扶持发展专业化防治组织，引导植保专业化防治健康有序发展
2015	农作物病虫草鼠害发生面积220.49万亩次，防治面积为247.98万亩次	全区6个镇街的177个村，及时对小麦全蚀病、稻水象甲等重大植物疫情以及瓜类果斑病、苹果蠹蛾等外来有害生物进行监测和普查，普查面积16万亩次。经普查，没有发现疫情发生。通过统防统治，共挽回各类作物损失3.79万余吨
2016	全区各类农作物病虫草鼠害发生面积195.7万亩次	防治面积117.95万亩次
2017	全区各类农作物病虫草鼠害发生面积92.5万亩次	实施山东省农业病虫害专业化统防统治能力建设示范项目，总投资100万元，扶持专业化防治组织2家，购置植保药械8台（套）、防护服35套，建立专业化统防统治示范区3个，总面积2.1万亩，分别为小麦－玉米示范区、水稻示范区、果菜经济作物示范区。通过项目扶持，2家专业化服务组织进一步强化了组织管理，健全完善制度，防治队伍建设更加规范，运营更加科学，并且盈利能力大大提升，日作业能力都达到了3000亩以上，专业化统防统治技术水平明显提高。全年防治面积79.8万亩次

（续表）

年度	病虫害发生情况	防 治
2018	全区各类农作物病虫草鼠害发生面积 177.16 万亩次	种植专业合作社、农机综合服务大户和农资经营户成为新型机防队伍，专业化统防统治服务范围覆盖小麦、玉米、水稻、棉花、树木，极大地提高了河口区病虫害应急防控能力。通过统防统治，全面提升了河口区植保防灾减灾能力，同时也有效破解了植保“服务工作到户、技术措施到位”难的问题。 防治面积为 141.37 万亩次

第三节　病虫害预测预报

2009 年，共发布病虫情报 25 期，制作可视化节目 1 期，长期预报准确率达 83%，中短期预报准确率达 86%，没有发生误报、漏报的情况。区植保站发布农作物病虫害防治技术意见 5 期，举办防治技术培训班 20 期，培训农民 1000 人次，指导大田防治 40 余万亩次。

2010 年，坚持“预防为主，综合防治”，坚持定点系统调查和大面积普查相结合，全面准确掌握农作物病虫害发生分布情况，适时发布病虫情报，及时组织宣传、培训和防治示范，有效地控制农作物病虫害的发生危害。共发布病虫情报 16 期，长期预报准确率达 83%，中短期预报准确率达 86%，没有发生误报、漏报的情况。

2012 年，共发布各类病虫情报 20 期，其中包括小麦、棉花、玉米病虫情报和蝗虫情报，长期预报准确率达到 85%以上，中短期预报准确率达到 95%以上，准确率较去年提高 3 个百分点，无发生误报、漏报情况，为农业生产安全提供信息保障。

2013 年以来，累计发布小麦、棉花、玉米等农作物病虫情报 20 期，印发《病虫害防治技术意见》12 期。加强小麦“三防”工作，根据境内往年气候特点，科学指导农民提前预防小麦病虫害、干热风、倒伏，确保了河口区小麦增粒增收，今年，全区实现小麦总产同比增长 62.3%。

2014 年，河口区植保站从 4 个方面入手，重点抓好农作物病虫害预测预报及防控工作。一是规范病虫测报。按照农业部颁布的测报标准办法开展调查和预报，做到四结合：一是系统调查与大面积普查相结合，当年资料与历史资料相结合，本地资料与邻近地区相结合，经验预报与统计预报相结合。二是制定联系汇报制度。根据上级植保站病虫调查和汇报要求，制定了 2014 年病虫害预测预报工作目标任务分解表，把虫情汇报列为植保工作的重点内容，严格按照上级要求，认真调查，及时汇报。在东亚飞蝗查治的关键时期，实行专人值班制度，确保信息传递畅通。三是坚持会商制度。对重大病虫预报，河口区植保站坚持虫情集体会商制度，全年共组织虫情会商 5 次，把握病虫防治的主动权，确保预测预报的准确率在 95% 以上。四是及时发布信息。今年以来，累计发布小麦、棉花、玉米等农作物病虫情报 20 期，印发《病虫害防治技术意见》12 期。按时按要求向上级主管部门报送病虫发生情况，主动与兄弟县、区交流病虫发生与防治信息，做到病虫信息互通共享。综合运用电视、网络等快速高效的信息传递手段发布防治信息，做到重大病虫防治技术信息无缝覆盖，及时指导大面积防治工作的开展。

2015 年，根据气候特点，加强病虫草发生动态监测，及时发放病虫情报和信息，通过明白纸、电视预报、专家热线等多种方式，指导群众及时采取综合防治措施，同时还开展经济作物病虫测报，为防治提供科学依据。共发出病虫中长期预报 19 期，防治意见 7 期，预报准确率明显提升。

2016 年，共发出病虫中长期预报 18 期，防治意见 6 期，预报准确率明显提升。

2017 年和 2018 年，采取有力措施，植保工作人员深入田间地头，做好病虫害调查预报，及时解病虫害发生动态，在准确掌握病虫情、苗情、天气等情况的基础上，综合分析发生趋势，指导农户适时做好小麦条锈病、赤霉病、蚜虫等防治工作。全年开展田间实地调查 30 余次，发布《病虫情报》18 期，防治意见 6 期，召开小麦条锈病防治现场会一次，宣传条幅 10 条。

第四节 东亚飞蝗防治

发生 2008 年，河口区秋蝗发生程度中等发生，发生面积为 3.41 万公顷，平均密度 0.32 头 / 平方米。其发生特点：一是出土偏晚，出土发育都不整齐；二是密度与上年基本持平，秋蝗较上一年密度有所增加。

2009 年河口东亚飞蝗发生程度为 4 级，夏蝗发生面积为 71.4 万亩，达标发生面积为 45 万亩，平均密度为 0.6 头 / 平方米，未发生高密度蝗片；秋蝗发生面积为 50.8 万亩，达标发生面积为 30.8 万亩，平均密度为 0.34 头 / 平方米，未发现高密度蝗片。

2010 年河口区秋蝗发生程度中等发生，发生面积为 51.1 万亩，平均密度为 0.9 头 / 平方米，发生密度为 0.2~0.4 头 / 平方米的为 47.1 万亩，0.5~1 头 / 平方米的为 3.5 万亩，1.1~3 头 / 平方米的为 0.5 万亩。土蝗发生 75 万亩。

2012 年，河口区蝗区面积为 210.6 万亩，占全省蝗区面积的 1/4，占全国蝗区面积的 1/8。发生程度为 4 级，发生面积为 71 万亩，出土始期为 5 月 9 日，出土高峰期为 5 月 21 日，三龄高峰期为 6 月 9 日，主要发生区域为 2 号、5 号、7 号、9 号蝗区。其发生有以下 3 个特点：一是出土早，发育好，越冬死亡率较往年有所降低；二是密度与上年基本持平，但发生范围大，环境复杂；三是气候对东亚飞蝗的发生非常有利。

2013 年，东亚飞蝗中等发生，发生面积为 69 万亩，2017 年全区东亚飞蝗发生面积约 58 万亩，达到防治指标以上的面积为 1.3 万亩，位于河口区 7 号蝗区内。

2018 年，全区东亚飞蝗发生面积约 30 万亩，达到防治指标以上的面积为 1.5 万亩，位于河口区 5 号蝗区内。

防治 2009 年河口区东亚飞蝗应急防治面积为 75.8 万亩，其中夏蝗防治面积为 45 万亩，秋蝗防治面积为 30.8 万亩；防治措施中化学防治为 30.8 万亩，生物防治为 45 万亩。另外，全年生态控制面积为 32 万亩，兼治面积为 14.4 万亩。

2011年，河口区治蝗站按照“依靠群众、勤俭治蝗、改治并举、根治蝗害”的方针，详细拉网普查，及时彻底防治，采取化学防治与生态控制相结合，飞机防治与地方防治相结合，专业队伍防治与群众统防统治相结合，确保东亚飞蝗不起飞、不成灾，为河口区农业生产保驾护航。

2012年，制定《2012年河口区东亚飞蝗灾害应急预案》，夏蝗防治面积为71万亩，其中飞机防治为30万亩，地面防治为20万亩。

加强蝗害生态治理。通过生态治蝗技术推广、蝗区生态环境改造、生物药剂试验应用、生态治蝗示范区建设等有效措施，走出一条河口特色的蝗害可持续治理之路，生态治蝗工作一直走在全国前列。2012年6月21日，全国蝗害绿色防控现场会在东营市召开，农业部以及各有蝗省（区）领导参观“河口区蝗害绿色防控示范区”的建设情况，对河口区蝗害绿色防控工作给予充分肯定和高度评价。

加强治蝗安全保障。强化安全意识，完善防治方案，针对飞机防治、地面防治中存在的安全隐患，及时制定安全应急预案，在电视台发布《2012年飞机治蝗通告》，并向蝗区内的养殖户、养蜂户等及时发送飞机治蝗通告，确保了飞防、人员、用药安全。

2013年，通过58.5万亩地面防治和10.5万亩飞机防治，做到了飞机防治与地面防治相结合，化学防治与生物防治相结合，专业防治与群防群治相结合，确保实现飞蝗不起飞成灾，土蝗不扩散危害，入境蝗虫不二次起飞，保障了农业生产安全。

2017年，6月底综合天气、地形等实际情况对达到防治指标以上的地块开展了地面防治，防治面积1.2445万亩。2018年，防治面积1.5万亩，均达到防治效果，有效地控制东亚飞蝗和土蝗的发生与为害，确保飞蝗不起飞成灾、土蝗不扩散为害、入境蝗虫不二次迁飞。

防治措施

一是建立组织机构。2009年开始，河口区成立以农业局牵头，以交通局、公安局、林业局、水利局、畜牧局、土地局、财政局等单位为成员的东亚飞蝗防治领导小组，成立以专业防治人员和各部门技术人员组成的东亚飞蝗防治技术小组。加强领导，实行首长责任制，落实各项职责与责任，做好协调。

二是建设课题实验基地。2010年，在河口区5号蝗区东侧通过挖筑台田的模式，改造蝗区300亩，建立课题综合试验基地150亩，并设立标志牌，其中建设面积为667平方米高标准试验虫源大棚一个，常年保持饲养试验用蝗虫1万头以上；建立面积667平方米笼养试验场一个，可以进行多项笼养常规试验研究；建设多样化植被控制蝗虫示范小区2000平方米，棉花控制示范区20亩。

三是开展各项实验。防治实践中试验研究7个，包括：化学农药田间筛选试验、微孢子虫和绿僵菌田间药效对比试验、生态控制示范研究、飞蝗行为控制剂和高毒力微生物制剂田间应用效果试验、绿僵菌持续控制作用研究、生物农药对鱼、虾、蟹的药害试验、化学与生物农药笼内效果对比试验，撰写论文一篇。建立蝗虫标本室一个，积累、收集高标准蝗虫各类档案资料。

四是加大人力物资投入。2009年，河口区东亚飞蝗防治共动用车辆6台，出动人员2550人次，动用机械270部，使用农药23.1吨，2010年，共出动车辆100台次，动用查蝗员20人，调查蝗区14个，调查样点1830个，调查面积183万亩。完成河口区蝗区资源基础调查数字化与蝗区勘界工作。2012年，区农业局积极协调治蝗物资，对陈旧治蝗装备进行维修、更新，购置、充足治蝗机械、农药，保证了蝗害发生时“拉得出，用得上”。夏蝗防治面积为 71 万亩，其中飞机防治为 30 万亩，地面防治为 20 万亩，生物控制为 20 万亩，总体防治效果达到 90% 以上，共集合治蝗人员 50 人，动用车辆 5 台，治蝗各类机械 150 部。2018 年，年初预算安排专项资金 13 万元，用于全年飞蝗查治。

第五章　农药

第一节　杀虫杀螨剂

烟碱型杀虫剂。第一代：氯代烟碱型，最早为德国拜尔生产的吡虫啉，随后为日本曹达公司生产的吡虫清（莫比朗、啶虫咪），2001 年，拜尔公司上市噻虫啉。南通产 10% 和 40% 氯噻啉可湿性粉剂。第二代：硫代烟碱，瑞士先正达公司产的 25% 阿克泰（噻虫嗪），使用倍数为 0.83 万 ~1 万倍，该药击倒性不如吡虫啉，但内吸效果好，残效期长，可用于涂干处理，在果树上，可替代氧化乐果和甲胺磷，使用浓度为 150 倍。2002 年日本武田公司生产了噻虫胺。第三代：呋喃型烟碱，20% 呋虫胺水分散剂，日本三井公司产，广谱、内吸效果好，不仅可用来防治蚜虫、蚧等害虫，还可以防治潜叶类害虫。

生物农药。① 1 % 甲氨基阿维菌素苯甲酸盐；② 0.5% 富表甲氨基阿维菌素与阿维菌素的相对毒力，棉铃虫：甲维盐高 3.99 倍，富表高 9.53 倍；甜菜夜蛾：甲维盐高 8.14 倍，富表高 64.89 倍；小菜蛾：甲维盐高 14.9 倍，富表高 56.6 倍；③多杀菌素：2.5% 菜喜（悬浮液）800~ 1000 倍液 48% 催杀（悬浮液）10000 倍液。该药杀虫谱同阿维菌素，但效果稍差。

特异性杀虫剂。①茚虫威。15% 安打（悬浮剂）3000 倍液，30% 全垒打（悬浮剂 6000 倍液）。该药为昆虫的拒食剂，昆虫接触后立即停止活动，掉落地下，5~7 天后死亡，主要防治蛾类害虫，尤其是抗性害虫，是效果非常好的农药。美国杜邦公司生产。② 20% 米满（悬浮剂）（虫酰肼、特虫肼）1500，美国陶氏公司产。为一节肢动物的脱皮促进剂，主要作用为胃毒剂，防治蛾类害虫，用于在花期和花后防治小卷叶蛾。③国产 10% 呋喃虫酰肼（福先）悬浮剂，500~600 倍液。作用同米满。④甲氧虫酰肼，拜尔公司产，效果优于米满。沙蚕毒素类。90% 杀虫单可湿性粉剂，1500 倍液，50% 杀螟丹可湿性粉剂，1500 倍液，20% 杀虫双水剂，600 倍液。效果依次减小，但安全性提高。该类农药为接触性杀虫剂，但渗透作用强，可用于防治潜叶蛾、潜叶蝇类，在果树上可用来替代 1605，用于食心虫蛀果为害的早期。

杀螨剂。① 24% 螨威（螨威多、螺螨酯、季螨酮）悬浮剂，使用倍数为 5000~6000 倍液，对成虫击倒性差，5 天后发挥作用，但对卵和若虫高效。持效期长，可达 60 天。对比尼索朗，6000 倍液的该药在 30 天后的效果，尼为 82.2%，该药为 99.5%。虽对成虫击倒性差，但有拒食作用。② 30% 天达农（嘧螨酯）悬浮剂，使用 4000 倍液，日本曹达产。速效性强于螨威，持效性与尼索朗相当；

③ 20% 氟螨嗪悬浮剂，使用 3000 倍液，匈牙利产。速效性好于螨危，但持效性差，但高于尼索朗，3 天后的效果可达 99%，但低温下效果差。④ 10% 螨及死（喹螨醚）悬浮剂，3000 倍液。作用机理同螨死净，效果相当。美国陶氏公司产。除此外还有：10% 除尽（溴虫腈），3000 倍液，拜耳产。虫螨兼治的农药，其效果不如阿维菌素。2% 罗素法（氟丙菊酯），1500 倍液，用来替代灭扫利，虫螨兼治。

第二节　杀菌剂

一、三唑类

新三唑类农药，其杀菌谱扩大，可用来防治多种病害，同时其对植物的抑制效果大大降低，药害减轻。该类型农药均可用来防治白粉病、锈病，除此外还可用来防治的病害有下列各种。

40% 福星（氟硅唑）乳油，美国杜邦产，使用 0.83 万~1 万倍液。可由来防治梨黑星病、苹果斑点落叶病，番茄叶霉病。

10% 世高（恶醚唑）可湿性粉剂，瑞士先正达产，目前以国产化。使用 3000 倍液。用来防治葡萄白腐病，蔬菜枯萎病和果树圆斑根腐病。

30% 特富灵（氟菌唑）可湿性粉剂，使用 2000 倍液，日本曹达产。对白粉病高效，可用来防治草莓白粉病。

5% 己唑醇（罗克等）可湿性粉剂，已国产，使用 1000 倍液，可用来防治苹果轮纹病、褐斑病、蔬菜灰霉病等。

43% 好力克（戊唑醇）乳油，拜耳产，目前业已国产化。使用 3000 倍液。可用来防治梨黑星病、葡萄白腐病、炭疽病，苹果轮纹病等。其与扑海因相比：防治苹果轮纹病和炭疽病效果相当，防治葡萄白腐病要高 4 倍，但防治苹果斑点落叶病效果差于扑海因。甲氧基丙烯酸酯类杀菌剂。

25% 阿米西达（咪菌酯）乳油，先正达产，使用 1 500 倍液。

50% 翠贝（嘧菌酯）可湿性粉剂，巴斯夫公司产。使用 3000 倍液。其防治多种病害的效果与扑海因相比的结果是：苹果轮纹病效果高 3.4 倍，苹果炭疽病高 1.5 倍，葡萄白腐病高 2.3 倍，防治苹果斑点落叶病差于扑海因。

30% 嘧菌酯可湿性粉剂，国产，使用 1 500 倍液。

以上三种药剂基本上是一种成分，该类药杀菌谱十分广泛，还可用来防治低等真菌引起的病害，而这类病害往往需要专门药剂。

二、杀细菌药剂

20% 叶枯唑（噻枯唑）可湿性粉剂，500~600 倍液，无药害，可治病，有内吸作用。

20% 龙克菌（噻菌铜）可湿性粉剂，浙江产。使用 800 倍液。该药含有 3.8% 的无机铜，可起到保护作用；同时含有噻唑基团，有内吸治病作用，因而是一种既有保护作用，又有内吸治病作用的农药。

由于含有无机铜，对一些真菌病害也有保护作用。该药使用安全。它是防治核果类细菌性穿孔病的首选药剂。

20% 噻唑锌可湿性粉剂，使用 500~600 倍液，具保护和内吸治病作用。

20% 噻森铜悬浮剂，使用 300~500 倍液。为有机铜络合物，浙江产。

12.5% 绿乳铜（松脂酸铜）乳油，珠海产，使用 600 倍液，为有机铜络合物，对桃树安全，主要为保护作用，也有一定的治病作用。

三、防治灰霉病的药剂

40% 菌核净可湿性粉剂，使用 1500 倍液，效果好，但对有些植物如豆类可造成药害。

40% 施佳乐（国产为 30% 嘧霉胺）可湿性粉剂，使用 1500 倍液，对植物安全。

2.5% 适乐时（咯菌腈），杜邦产，使用 1000 倍液，效果好，安全，价格高。

30% 啶菌恶唑悬浮剂，沈阳化工院产，使用 1500 倍液。防治灰霉病其效果优于施佳乐，除此外，还对葡萄白腐病。苹果斑点落叶病和褐斑病有效。

第六章　施　肥

第一节　肥料类型

近十年间，境内常见的化肥主要分三大类，包括：生理酸性肥料，在化学肥料的水溶液中牧草吸收肥料的阳离子过多，剩余的阴离子生成相应的酸类，使溶液变酸；生理碱性肥料，如果牧草吸收利用的阴离子比吸收利用的阳离子快时，土壤溶液中阳离子过剩，生成相应的碱性化合物，使溶液变成碱性；生理中性肥料，牧草吸收阴离子与吸收阳离子的速度大致相等土壤溶液呈中性反应，如硝酸钾、硝酸铵、尿素等。有机肥为土杂肥、畜圈肥、人粪尿、草木灰、作物秸秆等。近年，由于种植结构的变化，传统的农家肥数量减少，现有的土杂肥来源于秸秆还田、畜牧养殖大户积攒出售，使用量降低，因此土壤有机质含量呈下降趋势。

第二节　科学施肥

近十余年间，农民把科学施肥作为农业生产的一项基本建设，逐步改变耕作粗放、种植不合理、肥料品种结构不合理、农民群众盲目施肥、过量用肥以及施肥不合理的局面。一是调整肥料结构。随着化肥施用水平的逐年提高，有机肥占总施肥量的比重降低。增加有机肥的施用量，科学施用氮、磷化肥。二是合理搭配肥料。调整氮、磷、钾肥施用比例。根据农作物需肥规律和全区土壤肥力状况，在肥料施用中，要适当增加氮、磷的投放比例，氮、磷、钾三要素的投入保持在 1∶1∶0.5 左右为宜，起到氮、磷、钾配合，提高化肥的增产效果。

第六篇

环保农业

HUAN BAO NONG YE

第一章 农业农村环境治理

第一节 水气污染治理

2011年开始，河口区以项目带动为基础，强化措施，大力实施测土配方施肥项目。减少面源污染，保护农田生态环境。切实搞好农村沼气池建设项目。大力实施沼气池建设项目。开展农村环境综合整治，实施一池三改，使农民生态用能效率达到50%以上，农民生活环境得到明显改善，生产生活实现经济、生态良性循环。大力引进可降解地膜，加大该地膜的推广力度，降低农田环境的白色污染（详见第七编农业 农村 农民）。

第二节 农村生态环境整治

2013年，河口区多措并举，扎实推进农村环境综合整治。因地制宜、分类管理。对全区所有镇、街驻地和村（居）的环境综合整治，实行因地制宜、专项指导，分三类进行管理。一类是标准村（居）的继续巩固提高，新型农村社区按照城区小区管理模式实行物业管理；二类是标准村（居）的重点提升，力争通过整治进入一类标准；三类标准村（居）的集中整治，力争提档升级。全区确定60个村作为市、县级先导村，通过集中整治，打造亮点，以点带面，促进全区农村环境综合整治工作全面提高。

积极开展乡村净化行动。突出抓好“三堆”清理工作，合理布局标准化畜禽养殖小区和柴草、物料集中堆放场地，及时清除街巷路面的建筑垃圾、生活垃圾和畜禽粪便，探索农村生活污水处理和办法。净化镇（街道）驻地环境，提升环卫管理水平，严格落实建设规划。净化路域环境，清理交通干线两侧500米范围内和农村公路两侧100米范围内的“三堆”、白色树挂、边沟漂浮物等垃圾杂物，拆除两侧违章建筑。净化大气和河流环境，抓好农村环境污染企业综合治理，防止重污染项目向农村转移，非法向沟渠河流乱排污水、乱倒垃圾行为，强化农村面源污染治理。

积极实施村庄硬化、绿化、亮化、美化工程。在提升村庄道路“村村通”标准的基础上，加快硬化村庄主要道路，铺设混凝土和沥青路面。结合开展“山东省绿化模范区”“山东省绿化模范镇”创建活动，着力抓好村庄绿化工作。在有条件的村庄保持好亮灯率，在主要街道、次要街道、露天公共娱乐健身场所设置路灯。把住房和院墙粉刷作为村庄美化的重要内容，坚持统一规划、突出特色、由点到面、稳步提高的原则，做好粉刷装饰工作，形成美观协调的村容村貌。

2015年，全区新上垃圾箱（桶）2000余个、环卫保洁员458名；共出动人力5.79万人次，各类机械5875台次，整治路域683千米，清理河道、沟渠186千米，清理“三堆”13315个，清运垃圾4.22万吨，拆除破旧危房754户、2279间。制定出台《河口区城乡环卫一体化实施方案》，成立区环卫一体化管理办公室，各镇、街道均成立专门的环卫管理机构，全面推进农村保洁市场化运作，所有村庄和镇街驻地实现全天保洁、垃圾日产日清和集中处理。是年，全区投入农村环卫一体化经费691万余元。

2017年，全区城乡环卫一体化总投资2953.66万元，集中开展公路沿线治理活动，共清理路域520千米、林带480千米、柴草堆2000个、垃圾4000余吨，清除沿路违法建设25.63万平方米。推动农村保洁提档升级。全面排查镇街“断头路”、连村路，在56个村新建、改造村级公路91.7千米；新亮化村庄32个、安装路灯1196盏。村庄绿化累计植树10.95万株，造林面积995亩，提高农村生产生活环境条件。完成5227户旱厕改造，推进天然气村村通，全区规模养殖场粪污处理设施配建率达89.93%，粪便处理利用率达83.89%；完成农村生活污水集中处理项目3个，加快农村生活方式转变。对新建雨污分流、粪便储存场地和污水暂存池的139家规模养殖场扶持资金406万元，全区149家规模养殖场中已有134家配套建设粪污处理设施，配建率达到89.93%，粪便处理利用率达到83.89%，污水处理利用率达到71%。推进养殖废弃物无害化处理。

2018年，全区城乡环卫一体化总投资5332.3万元。集中开展公路沿线治理活动，共清运生活垃圾68987余吨，清除沿路违法建设13.6万平方米。

第二章 农业污染治理

第一节 农业废弃物综合利用

农膜回收利用 2015年开始，河口区探索建立地膜回收网络，依托地膜使用较多的家庭农场、种植合作社等新型经营主体建立地膜回收点并进行管理。每年举办地膜回收利用宣传周，发放宣传材料近1000份，开展技术人员下乡现场技术指导10余次，提高农民对残膜污染危害的认识和回收残膜的自觉性。结合耕地质量提升培训开展强化地膜使用、回收利用、相关法律法规等技术措施和政策的培训指导，聘请地膜回收利用方面专家进行授课，重点对种植大户、家庭农场、种植专业合作社等新型经营主体负责人进行了培训指导。2018年，全区已建立地膜回收点7处，重点管理的新型经营主体新产生的废旧地膜全部回收。

秸秆综合利用 严格落实秸秆禁烧政策，大力开展秸秆综合利用。严格落实属地管理责任，完善区、镇（街道）、村（社区）三级禁烧责任体系，实行网格管理。根据统计，2018年，河口区秸秆资源理论数量为24.4万吨，可收集数量为19.47万吨，综合利用为17.98万吨，其中，肥料化为5.79万吨，饲料化为7.25万吨，燃料化为2.15万吨，原料化为2.02万吨。综合利用率达到92.34%。

秸秆还田 推广高效、大型、复式机械，实施秸秆覆盖、松翻轮耕、免耕播种等保护性耕作。推动农业机械更新换代，加强对农业机械排放管控，严格落实国家对农机排放管理要求，取消国Ⅲ以下排放农机具补贴，并禁止不合格排放标准的农机车辆上路。加快对老旧农机的淘汰注销。用大型农机带动深耕深松、覆盖栽培、秸秆还田等蓄水保墒旱作节水技术的推广使用，推进秸秆综合化利用进度。

畜禽粪污综合利用 加快粪污处理设施建设，要求在农业农村部云平台直连直报系统中备案赋码的规模养殖场全部完成粪污处理设施配建。截至2018年，全区规模养殖场粪污处理设施配建率达到100%。年内区畜牧局先后到各镇街召开畜禽养殖污染源普查工作会，举办畜禽养殖废弃物资源化利用技术培训班5期，培训指导各镇街养殖专业户及规模养殖场代表200余人。在河口电视台播放《畜禽规模养殖场污染防治条例》，向广大养殖户发放粪污处理利用技术模式宣传明白纸2000余份，要求各养殖场从养殖源头上节约用水，全面部署规模养殖场粪污设施配建及利用工作，不断提高养殖户自觉守法意识。

第二节 农产品产地土壤重金属普查

2012年3月开始，河口区开展农产品产地土壤重金属普查，普查对象有三：一是工矿企业周边农区，指曾经或现在在产企业（群），因治污不当，使企业废水、废气、废渣等直接或间接进入农产品产区，近30年内土壤和农产品中重金属含量有超标记录或疑似超标，且农区面积超过500亩的区域。二是污水灌溉农区，是指历史上较长时间或据现实状况，因引用工业污水、城市下水道污水或因污染致使鱼虾基本绝迹等超过《农田灌溉水质标准》的水体灌溉，造成或可能造成耕地土壤或农产品中重金属含量在近30年内有超标，且农区面积超过500亩的区域。三是其他农产品产地（一般农区），是指除以上区域外的农产品产地，皆认定为一般农区。

普查内容是，检测铅、汞、镉、铬、砷5种污染物总量，同时测定pH值及阳离子交换量。方法是详细调查、收集、整理农产品产地安全质量状况、污染源、农业生产、自然及社会经济情况等历史资料和现状资料，并结合土壤样品采集对采样点进行详细登记。

主要任务：重点区域任务量采集样品个数140个（表6–1），一般区域任务量采集样品个数142个（表6–2）。对所采集的样品进行重金属的总量可进行分析。

表6–1 重点区域量采集样品表

序号	重点污染区域	采集样个数	备 注
1	富海华联化工厂污染区域	40	工矿企业周边农区
2	中海油化工厂污染区域	10	
3	开发区污染区域	30	
4	北部工业园污染区域	20	
5	挑河周边污染区域	40	污水灌溉农区
6	合计	140	

表 6-2 一般区域量采集样品表

序号	分类	河口街道	六合街道	义和镇	新户镇	孤岛镇	仙河镇	合计
1	蔬菜	0	1	0	0	0	0	1
2	大田	20	20	40	45	3	2	130
3	果园及林地	0	0	5	5	1	0	11
4	合计	20	21	40	45	4	2	142

第三章 耕地施肥检测与调查

第一节 耕地质量调查监测与评价

2010 年，河口区逐步完成区域耕地地力评价。建立 100 个长期耕地质量监测点，完善区域耕地资源空间数据库、属性数据库，构建耕地资源管理信息系统。

2013 年，农业部门与山东农业科学院合作开展“盐碱地改良技术研究”，与中国农业科学院合作开展“绿肥改良盐碱地模式研究”，与北京林业大学合作开展“耕地墒情自动检测系统研究”，在山东农业大学进行农产品质量安全检测人员培训，通过搭建“产学研”一体化平台，为指导农业产业经济发展、提升农业科技水平，提供科学保障。

2014 年，河口区建立土壤养分及墒情动态监测点 88 个，及时掌握耕地土壤养分及墒情动态变化，发布耕地墒情报告 18 期，为领导决策和抗旱保丰收提供科学依据。

2015 年，全区开展土壤墒情，采集样品 160 余个，编制发放养分及墒情简报 8 期。大力推广土地深松、机采棉等农机技术，完成机耕面积 35.76 万亩，机播面积 55.43 万亩。

2017 年设置监测点位 60 个，开展耕地质量调查监测与评价。实现小麦、玉米、棉花、蔬菜、果树等各种作物测土全覆盖。严格按照规定方法全覆盖均匀布点，开展农产品产地土壤环境质量例行监测，确定土壤环境质量例行监测点 12 个。搞好农业技术培训和指导，培训农民 300 人次，及时下发小麦、玉米、棉花等主要农作物田间管理意见 8 期，编制发放养分及墒情简报 15 期。

2018 年设置监测点位 56 个，完成土壤 pH 值、含盐量、养分、微量元素等检测项目 741 项次，进一步补充完善了监测点基础信息，建立健全耕地质量监测档案，更新测土配方施肥系统数据。

第二节 农作物施肥情况调查

2010 年，累计化验土样的氮、磷、钾、有机质、pH 值、盐分、有效铜、有效铁、有效锰、有效锌等微量元素 17500 项次，得到数据 15 万个，发放施肥建议卡 2.1 万份，发放各类宣传材料 3 万份。

2013年，累计采集各类土样6754个，化验土壤数据11.5万个，综合集成土壤数据和施肥配方，建立全市第一个农作物施肥专家信息查询系统，并在各镇街安装系统服务平台终端10套，农民群众可以随时随地通过网络或触摸屏查询到自己地块土壤养分丰缺状况，打印出专家推荐的施肥方案。

2014年，累计采集土样7174个，化验土壤指标12.01万个，综合集成土壤数据、施肥配方及耕地土壤养分丰缺状况，建成专家配方施肥指导系统，指导农民科学施肥，提高肥料利用率。

2015年，检测360个土样，化验4300余项次，向农民群众发放施肥建议卡2万余份。

2016年，继续实施测土配方施肥，检测土样456个，发放施肥建议卡2.2万余册，指导农民科学施肥。开展测土配方施肥示范推广活动，在全区选定10处新型经营主体及20处示范农户，给予配方肥物化补助，并在新户镇建设村开展新型肥料田间试验展示。

2018年，对主要农作物施肥情况调查。在全区选取100户有代表性的农户，开展实地调查，填写施肥量调查表。通过调查，了解河口区主要农作物施肥情况，为指导农业合理施用化肥提供第一手资料。

第四章　农业投入监管

第一节　农业投入品准入

2014年开始，河口区实施农业准入监管，完善农产品质量可追溯体系建设，制定并落实农产品产地准出追溯和责任追究、生产记录档案管理、产品检测等9项制度，按照统一格式印发河口区农产品生产记录400本，并下发至每个菌菜基地，实现一棚一册。

2015年，加强农资市场检查，检查农资经营单位300个/次，抽检肥料样品17个，查处农资违法案件5起，调处农资纠纷案件4起。

2017年，实行高毒农药定点销售制度和备案准入制度，严格执行投入品市场准入制度，共审核通过产品590余种。

2016年，建立全区农产品质量安全监管追溯平台1处、监控中心1处，基层追溯点和检测点26处，农业投入品监管点20处、兽药监管点8处，并进行实时监控。加强宣传培训，培训基层农产品质量安全监管员177人。

2018年，河口区设立农资备案登记办公室，农业投入品100%的纳入平台监管。经营主体全部建立起监管名录制度，当年，河口区准入产品898个。

第二节　农药市场监管

2011年3月，东营市农资打假暨放心农资下乡活动启动仪式在义和镇举行，全区共出动宣传车10台次，印发宣传材料4000份。通过宣传，进一步强化全社会的农产品质量安全意识。在高毒农药定点销售管理上，按照便利群众、远离瓜果菜种植区、质量过关、信誉有保障的原则，采取自愿申报的方式，经审核，确定 7 家高毒农药销售点，实行定点经营销售。大力实施放心农资下乡进村工程，全区市级放心农资店总数达到 7 个、区级 17 个。积极开展农资执法检查。重点围绕种子、肥料、农药开展专项执法检查，共出动执法车辆 100 余台次、执法人员 400 余人次，检查农资经营企业及经营户 120 余家，查处假冒伪劣农资总货值金额 4 万余元，挽回经济损失 10 余万元。

2013 年，严格落实高毒农药定点销售制度和备案准入制度，审核批准田园农资等 7 家高毒农药销售点，全面落实销售“两账两票、一证一书”制度，有效杜绝违禁使用现象。

2014 年，开展“河口区瓜菜食用菌基地百日整治行动”和“河口区农药使用百日整治行动”，排查农产品基地 13 家、农药经营单位 77 家，下达整改通知书 18 份，并督促全部整改完成。编制《河口区无公害农产品生产技术规程简明手册》，修订完善红薯、番茄、黄瓜等农产品生产技术规程 14 项、地方标准 3 项，印发 500 余册，指导农产品生产基地按照操作规程组织生产。

2015 年，严格执行落实高毒农药定点销售和农药产品登记告知公示工作，审核告知农药产品 610 种。

2016 年，加强重点领域、重点环节农产品质量监管，开展了为期 2 个月的农产品质量安全专项整治行动，积极推进农产品质量安全县创建，建设农产品监管大厅 1 处，建设全区农林牧渔农产品质量安全监管追溯平台 1 个，建立基层农产品质量安全追溯点 20 处，农业投入品监管点 20 处，兽药经营监管点 8 处。

2017 年，开展了为期 2 个月的农产品质量安全专项整治行动，实行高毒农药定点销售制度和备案准入制度，严格执行投入品市场准入制度，共审核通过产品 590 余种。

2018 年，严格执行并积极宣传《农药管理条例》相关规定，严把农药生产、经营、使用三大管理关口，重点做好农药登记管理、农药生产经营许可、农药使用监管及服务指导、农药废弃物处置四项工作，全区办理农药经营许可证 55 家。

是年，河口区以创建农安市为契机，不断巩固“省级农产品质量安全示范县”“省级出口农产品示范县”创建成果，建成“产品可查询、质量可追溯”标准化生产基地 4 家。严把农药生产、经营、使用三大管理关口，严格落实农业投入品市场监管各项制度。进一步加强农产品质量安全追溯体系建设，生产基地监管体系、农业投入品监管体系、农业综合执法体系、三级监管体系不断完善。

第五章　化肥农药减量增效

第一节　水肥一体化

2017 年，河口区以科学发展观为指导，紧紧围绕现代农业发展目标，按照转变农业发展方式、建设生态文明要求，突出重点区域和主要作物，确定主推技术模式，依靠科技进步，创新工作方法，强化工程措施与农艺措施结合、水分与养分耦合，推进水肥一体化技术，节约水资源用量，减少化肥用量，实现节本增效、提质增效、绿色增效，促进农业可持续发展。全区新增水肥一体化技术推广面积1000亩。其中设施蔬菜200亩、果树栽培地800亩。每个镇街建成1~2处高标准水肥一体化示范点。

2018年，根据市委、市政府两办印发的《关于加强发展节水农业和水肥一体化的实施意见的通知》（东办发〔2017〕35号）要求，推广任务面积为1000亩。完成1200亩，按要求编制《2018年河口区水肥一体化技术推广实施方案》，对相关镇街水肥一体化推广任务进行细化，进一步明确有关技术措施，鼓励相关镇街建立推广示范基地，树立样板，起到带动周边、发挥示范的作用，根据设施农业发展潜力，将义和镇作为年度重点推广单位。水肥一体化技术推广面积达到2200余亩。

第二节　化肥减量增效

2017年，河口区设20个耕地质量监测点，土壤类型包括潮土土类，2个亚类，4个土属，17个土种。监测点的分布基本覆盖全区的基本农田。监测点的种植制度包含本区主要的种植制度：小麦、玉米、棉花、春玉米等。各监测点每年最后一季作物收获后，采集土壤样品进行化验分析。通过对往年土壤养分监测情况，编写了《河口区2017年耕地质量监测报告》。2017年所采集20个土样进行养分检测工作。

2018年，采取减肥增效模式，实施肥效验证田间试验。通过常规施肥、控缓释肥、有机肥的肥效验证，了解不同肥料对玉米生长和产量的影响，为耕地地力提升和化肥减量增效提供田间实践经验，以正确指导农民科学合理施肥，探索推广新型控缓释肥。实施小麦有机肥替代试验，为推进河口区有机肥推广使用，提升耕地质量，发展绿色生态农业提供田间实践经验。

第三节　现代农机植保

2016年，河口组建河口区首家现代农机植保合作社，购置无人植保机18架和一批先进的水稻生长期管理机械，开展小麦“一喷三防”无人机作业，8000亩小麦仅用时3天。开展“大田托管”，推广农机社会化服务新模式。实施棉花生产全程机械化示范推广项目，示范推广“大田托管”模式，为种植户提供从种子供应、整地、施肥、播种、统防统治、收获、销售等各环节的全程托管服务。

2017年，河口区大力发展农业有害生物专业化统一防治。在小麦、水稻等优势作物生长关键期针对重点病虫害开展专业化防控，为全面提升农作物病虫害综合防控奠定了基础。区政府投入171.5万元，采取小型直升机、无人机和大型植保机械空地一体的方式对全区12.25万亩小麦病虫害进统防统治。

2018年，全区已注册备案的植保专业化防治组织4家，拥有无人防治飞机20余架，各类大中型植保药械30余台（套）。科学防控，实施小麦病虫害整建制统防统治和玉米“一防双减”。实施小麦整建制病虫害统防统治，作业14.7万亩次，采取无人机防治与地面防治机械全方位立体防治模式。全区小麦病虫害发生得到有效控制。

第七篇

农业 农村 农民

NONG YE NONG CUN NONG MIN

第一章　农业农村经济

第一节　主要经济指标

2009年起，河口区贯彻落实科学发展观，围绕农业主要经济指标和重点项目建设创造性地开展工作，发展现代农业，推进社会主义新农村建设。全区实现农业总产值约15.64亿元，同比增长4%，农业增加值6.69亿元，同比增长8%。全区棉花（皮棉）产量约2.04万吨。

2010年，全区实现农业增加值8.1亿元，同比增长5%。实现农业总产值约18.17亿元，增长6.1%；实现农民人均纯收入8157元，增长14.3%。粮食总产量约1.42万吨，全区棉花（皮棉）总产量约1.56万吨（不含军马场，下同），水产品总量12.02万吨，肉类总产量2.54万吨，全区芦苇面积保持在40万亩，完成总产量17万吨，实现产值8500万元。

2011年，河口区以构建“一带两园四基地”现代生态农业新格局为核心，积极转方式调结构，促进农业增效，农民增收。全区农业总产值约21.28亿元，农民人均纯收入实现9544元，同比增长17%。全区粮食总产约1.53万吨，全区棉花（皮棉）总产量约2.84万吨，水产品总产量12.6万吨，肉类总产量约2.57万吨，芦苇面积保持在40万亩，完成总产量17万吨，实现产值8500万元。

2012年，全区农业总产值实现约23.08亿元，增长4.8%；农民人均纯收入实现11317元，增长15.63%。全区实现粮食总产约1.85万吨，棉花40.89万亩，总产皮棉约2.36万吨，水产品总产量约13.18万吨，肉类总产量约2.66万吨。

2013年，全区粮食作物总产约3.17万吨，同比增长108.66%；小麦播种面积1.5万亩，总产0.55万吨，同比增长183.2%；棉花总产皮棉约1.73万吨，水产品总产量约13.77万吨，肉类总产量约2.74万吨。

2014年，全区粮食作物总产7.41万吨，棉花种植面积21.41万亩，同比减少23.91%，棉花总产约1.50万吨。小麦单产440.55千克，同比增长10.2%，玉米单产520千克，同比增长89.1%，棉花单产210千克，同比增长51.1%，水产品总产量约14.61万吨，肉类总产量约2.19万吨。实现农业总产值27.41亿元，增长4.3%。

2015年，粮食总产约8.75万吨，棉花总产约1.23万吨，油料总产约0.15万吨，蔬菜总产量约2.77万吨，水果总产量约3.76万吨，肉类总产量2.82万吨。

2016年，全区实现农林牧渔总产值31.14亿元，同比增长5.6%，农民人均可支配收入达到15596元，增长8.2%；两项指标增幅均位列全市首位。

2017年，粮食总产量18.9万吨，其中小麦4.7万吨，玉米8.6万吨，水稻4.4万吨，大豆0.5万吨，高粱0.7万吨，棉花0.9万吨。全区农林牧渔业总产值实现33亿元，增长5.5%。

2018年，粮食总产量19.8万吨（含军马场），其中小麦5.58万吨，玉米5.09万吨，水稻3.2万吨，大豆0.67万吨，高粱0.77万吨，棉花0.71万吨。全区农林牧渔业总产值实现41.47亿元，增长3.67%。

2015—2016年河口区粮食作物生产情况统计见表7-1。

2009—2018年河口区农村经济主要指标见表7-2。

2009—2019年河口区农民人均纯收入情况见表7-3。

表7-1 2015—2016年河口区粮食作物生产情况统计

（单位：公斤/亩、万亩、万吨）

种类	名称	2015年			2016年			面积增减	产量增减（%）
		面积	单产	总产	面积	单产	总产		
1	小麦	9.99	436.33	4.36	9.04	442	3.996	-0.95	-8.35
2	玉米	19.31	520	10.04	15.59	520	8.11	-3.72	-19.22
3	水稻	6.9	450	3.11	8.97	505	4.53	2.07	45.66
4	高粱	0	0	0	1.3	375	0.49	1.3	0
5	大豆	0.51	150	0.077	2.18	176	0.384	1.67	398.7
6	薯类	0.2	2500	0.5	0.22	3000	0.66	0.02	32
7	合计	36.91	4056.33	18.09	37.2	5018	18.17	0.29	0.44

表7-2 2009—2018年河口区农村经济主要指标

年份	总产值（亿元）	粮食总产（吨）	棉花总产（吨）	油料总产（吨）	蔬菜总产（吨）	水果总产（吨）	水产品总产（吨）	肉类总产（吨）	猪存栏量（万头）	羊存栏量（万只）
2009	156387	16622	20420	1820	7739	31177	112015	22237	12.18	16.81
2010	181764	14235	15570	1341	4927	29879	120215	25406	12.87	14.26
2011	212830	15283	28431	1192	4320	30987	126000	25669.6	12.01	13.29
2012	230809	18540	23691	1122	5051	34029	131778	26604	11.74	12.49
2013	255867	31666	17265	996	36014	17589.6	137700	27438	11.39	11.4
2014	274131	74054	15044	1547	22614	36513	146067	21901	13.87	7.20
2015	292958	87511	12324	1498	27706	37609	147522	28183.5	14.94	5.85
2016	311414	181700	6906	1234.16	27153	37354	154345	27491	16.43	4.25
2017	330000	189000	9000	1324.6	28465	38423	154685	29692	18.6	4.26
2018	414700	198000	7100	1506.0	27890	36459	160456	28623	20.22	4.33

表 7-3　2009—2019 年河口区农民人均纯收入情况

镇街道＼年度	农民人均纯收入						农村居民人均可支配收入			
	2009	2010	2011	2012	2013	2014	2015	2016	2017	2018
新户镇	7148	8146	9747	11271	12739	14201	14356	14578	14632	15952
义和镇	7136	8157	9760	11288	12803	14259	14986	15213	15693	16280
孤岛镇	10628	11776	13895	16007	17965	19923	20311	22856	23698	25847
仙河镇	10740	11900	14185	16341	18330	20364	21564	23654	24684	25923
河口街道	7133	8151	9801	11332	12825	14240	14954	15063	16958	17385
六合街道	7158	8180	9836	11377	12910	14408	14985	15193	15211	15986
河口区	7137	8157	9787	11317	12823	14272	14420	15596	16959	18292

注：2009—2014年河口区农民收入口径为农民人均纯收入，有分乡镇指标，2015年城乡一体化后农民人均纯收入指标取消，对外使用农村居民人均可支配收入，只有全区的数据，没有分乡镇数据

第二节　经济结构

2009 年，在提高单产、确保总产的原则下，稳定粮食种植面积，扩大经济作物播种面积，棉花、花生、蔬菜等经济作物所占比例得到进一步提升。全区农林牧渔业总产值达 15.6 亿元。农业比例下降，林牧渔业比例上升。农业比例由 1984 年的 76.4% 下降为 2009 年的 31.3%，下降 45.1 个百分点；渔业比例由 1984 年的 2.9% 上升为 39.2%，提高 36.3 个百分点。二三产业的产值和收入在农村经济中所占比例逐年增大，第一产业增加值占全区生产总值的比例由 1984 年的 43.1% 下降到 2009 年的 10.2%。

2010 年，由于农业内部种植结构不断调整，经济作物比例上升。棉花、花生、蔬菜等多种经济作物得以迅速发展。随着二三产业迅速发展，农村的经济构成发生了根本性的变化，二三产业的产值和收入在农村经济中所占比例逐年增大，农业在生产总量不断增长的同时，所占比例逐步缩小，历史上沿袭已久的封闭、单一的农村产业结构逐渐由一二三产业全面发展的新格局所替代。

以棉花、冬枣为主的经济作物种植面积达到 47 万亩，其中棉花面积达 42 万亩，冬枣面积 5 万亩，标准化畜牧养殖小区达到 216 处，滩涂养殖达到 28 万亩，浅海养殖面积达到 25 万亩，芦苇面积 40 万亩，粮经比为 14∶86。

2011 年，在稳定良种棉面积的基础上，重点扶持冬枣、海参、大闸蟹、畜牧业四大主导产业，积极发展特色农业，促进农业增效和农民增收。按可比价格计算的农林牧渔业总产值为 94397 万元，其中农业 35163 万元，占农林牧渔业总产值的 37.25%；林业 2268 万元，占农林牧渔业总产值的 2.4%；畜牧业 13144 万元，占农林牧渔业总产值的 13.92%；渔业 37856 万元，占农林牧渔业总产值的 40.10%；农林牧渔服务业 5966 万元，占农林牧渔业总产值的 6.32%。渔业和畜牧业，作为优势产业得到充分体现。

2016 年，农林牧渔业总产值为 341414 万元，其中，农业为 75884 万元，占农林牧渔业总产值的 22.22%；林业产值为 6730 万元，占农林牧渔业总产值的 1.97%；畜牧业为 74455 万元，占农林牧渔业总产值 21.8%；渔业为 131776 万元，占农林牧渔业总产值的 38.6%；农林牧渔服务业为 5966 万元，占农林牧渔业总产值的 1.75%。粮经比例 22∶78。

2018 年，全区种植业结构。全区农作物种植面积共计 48.79 万亩，其中，小麦 13.86 万亩，玉米 15.2 万亩，水稻 6.87 万亩，大豆 4.34 万亩，棉花 4.52 万亩，高粱 3.15 万亩；农作物总产量 17.45 万吨，其中，小麦 5.58 万吨，玉米 5.09 万吨，水稻 3.2 万吨，大豆 0.67 万吨，高粱 0.77 万吨，棉花 0.71 万吨。从农作物种植总面积和总产量来看，种植总面积较 2017 年略有增加，总产量较去年略有减少；从农作物种植总面积和总产量来看，种植总面积较 2017 年略有增加，总产量较去年略有减少；从单产来看，与 2017 年持平；从种植结构看，棉花大幅减少，大豆、高粱等作物大幅增加，全区农作物种植结构趋于合理平衡。

第二章　新农村建设

第一节　民生工程

2009 年，河口区全面贯彻执行党和国家有关农业和农村工作的方针、政策、法律、法规，贯彻落实中央一号文件和各项惠农政策，按照省、市、区农村经济工作会议确定的任务目标，以提高农业综合生产能力为手段，以增加农民收入为中心，以农业和农村经济结构调整促发展，围绕农业主要经济指标和重点项目建设创造性地开展工作，促进了全区农业和农村经济的持续、快速、健康发展。是年，新建农村“一池两改”2000 户。通过油地共建方式，有 440 户群众入住新房。全区农村实现自来水“村村通”和“户户通”。村庄环境综合整治，建设村美、风正、民富的社会主义新农村。全区实现村村通柏油路、通客车、通自来水、通有线电视。实施东水源和王庄二干一分干衬砌等引水工程，改善农业生产条件。全年组织实施路域绿化 140 千米，水系绿化 74 千米，农田绿化 15 万亩。

河口区加大民生工程投入。统筹城乡教育、卫生、文化等社会事业。2009 年全区完成首期农村中小学低标准校舍改造，基本解决农村远距离中小学生食宿问题，农村中小学全部达到省级规范化学校二类以上标准。农村中小学收费积极推行“一费制”，对义务阶段学生实施“三免一补”，推动城乡教育均衡发展。加强乡村卫生设施和医疗队伍建设，加快乡镇卫生院和村级卫生室建设改造，农村“一刻钟卫生服务圈”初步形成。加强乡村群众文化体育场所建设和农村文体活动的组织指导，推进广播电视户户通、基层综合文化站、农家书屋建设，开展电影下乡，丰富群众精神文化生活。完善农村社会保障救助体系。在全市率先实现“三免五通五保五救助”，农村低保标准每人每年 1420 元，农民医疗保险参保率达到 97%，农村适龄人员养老保险投保率达到 80%，五保老人集中供养率达到 97%，供养标准达到每人每年 3400 元。

2010 年，大力实施“三网”绿化示范区和沿海防护林基干林带建设、现代渔业开发、疏浚治理河道等工程，农业生产条件进一步改善。大力实施“三网”绿化工程，全区共完成植树 477.2 万株，绿化折实面积 2.6 万亩，动用土石方 1858.1 万立方米，桥涵闸配套 317 座，工程投资 1.5 亿元。

2011 年，一是加快推进“三网”绿化工程建设。在加快推进 2011—2012 年度“三网”绿化工程建设的基础上，着力从标准提升和规模化造林方面入手，全面打造精品工程。目前，滨孤路、义新路等骨干道路提升工程正在稳步推进。二是加大农田水利设施建设和农业综合开发力度。完成了潮河疏浚治理、马新河综合治理、草桥沟拦河闸建设、鸣翠湖景观改造建设、人工湿地建设、农村危桥改造、田间节水改造等工程，实施了神仙沟国家级土地整理项目、六合街道西崔片基本农田整理项目，农业生产条件进一步改善。三是加强小城镇和新型农村社区建设，统筹发展农村各项社会事业，建成新型农村社区 17 处。

2012 年，河口区按照“城乡统筹、以城带乡”的思路，实施总投资为 26.6 亿元的 27 项城乡建设工程，城镇化率 76.8%，被住建部授予“中国宜居宜业典范区”称号。加快推进村镇建设。新建农村社区服务中心 4 处，改造供水管网 193 千米、农村公路 76 千米、危桥 21 座，农村电网改造升级全面完成，城乡基本实现环卫一体化。

实施新户镇未利用土地开发一期工程，“旱能浇、涝能排”高标准农田占全区耕地的 12.8%，黄河口国家级中心渔港开港运营，农业农村生产条件明显改善；实施农村住房建设与危房改造工程，开工建设农房 1500 户，改造危房 405 户；加强小城镇和新型农村社区建设，建成农村社区 21 处，服务范围涉及 142 个村，全区 85.03% 的村庄纳入社区化服务；全面启动，生态文明乡村建设和农村环境综合整治行动，加快推进“三网”绿化工程建设，完成成片造林 2.71 万亩，其中，防护林 2.6 万亩；启动了刺槐林修复工程，完成植树 2.4 万亩；秸秆综合利用率达到了 90% 以上；城乡环卫一体化体系已初步形成，累计投入资金 5149 万元，农民生产生活条件得到明显改善；加强黄河防汛工程建设，加固八连控导工程 6 段坝，实施了西河口控导 4~9 号坝专项整修工程和东大堤 7+500—9+220 段 1720 米路面畅通工程；全面增强气象灾害防御能力，建设完成气象灾害预警中心，积极开展防雷、防雹、人工增雨作业，为农业增产增效提供强力支撑。

2013 年，河口区紧紧围绕生态文明乡村建设这条主线，从加强组织领导入手，抓点带面，强化措施，促进农村环境综合整治活动深入开展，是年，完成投资 4869 万元，清理三堆 2618 处，清理排水沟渠 91400 米，植树 44 万株，新增公共绿地 52.2 万平方米，新修道路 73527 米，改造道路 9350 米，新建、修缮排水沟渠 46500 米，安装路灯 664 盏，粉刷房屋 27.89 万平方米，新增垃圾桶 822 个、垃圾池 35 个、环卫三轮车 132 辆，新增环卫工人 116 名。在 136 个村庄开展三堆清理、排水沟渠清理、道路整修和路域绿化等，打造六合范家、义和清河等 11 个示范点。

2014 年，全面推进北方超级水稻产业化中心建设项目。按照区政府与东营晨阳菌业有限公司签订的协议，强化服务理念，推动项目落实。目前，该项目已建成并投入使用，总面积 13334.6 平方米。

今年，完成了18个不同水稻品系及896份水稻新种质的培育和水稻技术开发工作。8月下旬，“杂交水稻之父”袁隆平院士莅临河口区，参观考察了超级稻北方产业化中心项目并给予了很高评价。

农村清脏治乱，全区新上垃圾箱（桶）2000余个、环卫保洁员458名；共出动人力5.79万人次，各类机械5875台次，整治路域683千米，清理河道、沟渠186千米，清理“三堆”13315个，清运垃圾4.22万吨，拆除破旧危房754户、2279间。

2017年，提高农村生产生活条件。全面排查镇街“断头路”、连村路，在56个村新建、改造村级公路91.7千米；新亮化村庄32个、安装路灯1196盏。村庄绿化累计植树10.95万株，造林面积995亩。

2018年，推动农村保洁提档升级。全区城乡环卫一体化总投资5332.3万元。集中开展公路沿线治理活动，共清运生活垃圾68987余吨，清除沿路违法建设13.6万平方米。全面排查镇街“断头路”、连村路，在33个村新建、改造村级公路66.5千米。村庄绿化累计植树9万株，造林面积1117亩，完成市年度任务的558.5%。加快农村生活方式转变。全区1357户旱厕改造任务全部完成；推进天然气村村通，完成15个村，1412户。推进养殖废弃物无害化处理。对新建雨污分流、粪便储存场地和污水暂存池的167家规模养殖场扶持479万元，全区233家规模养殖场中已有233家配套建设了粪污处理设施，配建率达到100%，粪便处理利用率达到88%，污水处理利用率达到62%。

第二节　富民工程

2013年，实施成效显著。充分发挥区级3000万元促进农民增收专项基金的撬动作用，引导激发企业、合作社等经营主体的投资热情，重点建设现代农业园区、高效生态农业等富民项目，有力推动了农业结构优化和农民增收致富，农民人均纯收入连续两年增幅居全市第一。全区开工建设晨阳菌业、山东正邦、义和农庄等80个富民工程项目，已完成投资29亿元。

2014年，大力实施富民工程。区办印发《河口区2014年富民工程实施方案》，加强工作调度，促进项目早落地、早开工，总投资37亿元的17个农业重点项目进展顺利，今年完成投资19.1亿元。东营神州澳亚现代牧场有限公司投资建设的1.5万头奶牛规模化农业园区项目，带动力强，有力促进农业增效、农民增收。

2016年，河口区富民工程扎实推进，重点项目建设。积极培育专业种养大户、家庭农场、农民专业合作社、农业龙头企业为主的新型农业经营主体，全区发展50亩以上种粮大户468个，培育家庭农场69个，培育农民专业合作社271个，农业龙头企业发展到89家，现代农业园区发展到35个。通过农村土地承包经营权确权数据中心平台和土地流转服务中心建设，全区土地适度规模经营面积达到31万亩，占耕地总面积的50%。做强做精一批名牌农产品，实现优势产品品牌化、名牌产品产业化，新户镇和仙河镇海星村分别被推荐为第六批全国“一村一品”示范镇和第四批省级“一村一品”示范村。积极组织农业龙头企业、经济组织开展“三品一标”认证，全区41家龙头企业、合作社以及个人生产的104个农产品获得“三品一标”认证，其中无公害农产品36个，绿色食品43个、有机食品11个、地理标志认证 1 个，地理标志认证面积为 28.2 万亩。

第三节　农村“四新工程”

2005 年开始，河口区坚持统筹城乡发展“多予少取放活”的方针，实现“生产发展、生活宽裕、乡风文明、村容整洁、管理民主”的目标要求。组织实施以“培育新型农民、发展新型产业、打造新型环境、建设新型班子”为主要内容的新农村建设计划，称“四新”工程。

2009 年，河口区在社会主义新农村建设工作中，坚持以科学发展观为指导，以“生产发展，生活宽裕，乡风文明，村容整洁，管理民主”二十字方针为总体目标，继续实施以培育新型农民、发展新兴产业、打造新型环境、建设新型班子为主要内容的“四新”工程创建活动。

培育新型农民。一是加强对农民的科技培训。有计划、有针对性地组织农村党员干部和农民群众分期分批走出去参观考察学习，以“农民培训工程”为抓手，利用举办培训班、田间授课、到职业学校定期轮训等多种形式，全年培训农民近 2 万名。二是整合培训资源，创新农民培训方式。整合区职教中心、区劳动就业训练中心、区农广校等职业教育资源，对初中毕业未升入高中的农村学生实行免费职业技能培训。整合区农业、畜牧、水产、林业等专业技术培训资源，利用举办培训班、田间讲座、到职业学校定期轮训等多种形式。三是搞好农村劳动力转移培训。实施全区农村劳动力转移培训“阳光工程”，把劳务输出作为培训农民、提高农民的重要途径，为农民走出去搭建平台。由区农业部门牵头，实施农村劳动力实用技术高端培训、农村党员干部学历教育培训。

发展新型产业。一是壮大主导产业。发展冬枣、水产、畜牧、芦苇、棉花等主导产业，带动农民增收致富。冬枣业，坚持稳定规模与提高品质并重，增加产量与打造品牌并举。水产业，重点抓好浅海贝类增养殖、海水多品种养殖和淡水养殖 3 大基地建设，扩大优势水产品养殖面积，发展水产品精深加工和设施渔业。全年实现水产品总产量 11.6 万吨，实现渔业总产值 16.5 亿元。畜牧业，坚持草畜一体化生产模式，加强良种繁育体系建设，全年实现肉蛋奶总产量 3.92 万吨，同比增长 17.4%。芦苇面积保持在 40 万亩。棉花产业，全年以来棉花种植面积达 26.55 万亩，皮棉产量达 20420 吨，实现棉花产值 3.3 亿元。二是加强农业龙头企业建设。新增农业企业 5 家，全区农业龙头企业发展到 65 家，其中，从事农副产品加工的企业 42 家，包括粮棉油加工 26 家，水产品加工 5 家，林果加工 4 家，畜产品加工 1 家，其他 6 家。省级重点农业龙头企业 1 家，市级重点农业龙头企业 12 家，具有进出口经营权的企业 10 家。实施重点农业龙头企业项目 8 个。提报的 2009 年省级农业产业化专项资金项目“东营市通和水产有限公司水产贝类育苗场建设项目”，获批省级贴息资金 23 万元；东营市丽都花卉有限公司河口花卉市场建设项目被确定为 2009 年全市农业产业化龙头企业扶持项目，争取市级财政贴息资金 35 万元。三是农民专业合作社全面发展。全区农民专业社已发展到 61 家，2009 年新发展 20 家，规范发展 10 家，提升 2 家，至年底全区农民专业合作社发展到 61 家。规范化合作社开展统一服务，统购统销率达到 80% 以上，社员人均收入比非社员农户提高 30% 以上。61 家合作社的注册资金 2513

万元，总资产6350万元，入社社员1678户，带动农户1.3万户以上，拥有商标2个，“三品”认证3个。四是农业标准化基地和农产品品牌建设。全年完成7个无公害农产品产地产品认证，培育山东省名牌1个。2009年东营市黄河金淤地工贸有限公司顺利通过山东省名牌产品认证。

打造新型环境。一是农村基础设施建设。推广实施“一池三改”工程，全区发展“一池三改”1600户，全区完成“一池三改”户数达到4280户。农村公路建设。县乡公路好路率达到85.2%以上，基本实现“村村通”。实施河口区2009年国家新增农村沼气工程项目，新建农村“一池两改”2000户，项目总投资640万元，其中国家投资200万元，省级投资40万元，区政府配套资金110万元，农户自筹资金290万元。年底共新建8立方米农村沼气池1000口，完成项目任务的50%。二是实施农村特困群众安居工程，通过油地共建方式，已有440户群众入住新房。出台《关于推进农村住房建设与危房改造的意见》。在全市率先实施城乡集中供水工程。全区农村实现“村村通”和“户户通”自来水工程，24小时不间断供水，供水水质、水压符合要求，彻底解决全区人民群众的饮水困难问题。小康文明村创建。搞好村庄环境综合整治，建设村美、风正、民富的社会主义新农村。全区实现村村通柏油路、通客车、通自来水、通有线电视。三是加强农田基础设施建设。实施东水源和王庄二干一分干衬砌等引水工程，保障包括油田、济南军区生产基地在内的工农业生产用水，改善农业生产条件。抓骨干河道治理，排洪能力大大改善。完成滨海大道绿色生态河绫建配套。实施神仙沟综合治理、义太支渠综合治理、孤东（孤北）干渠疏浚治理、新户乡水库建设、危桥改造等一大批重点工程建设，提高区域保障能力。四是“三网”绿化工程建设。在全市率先实施“三网”工程。全年重点组织实施140千米路域绿化、74千米水系绿化和15万亩农田绿化。五是村庄建设改造。按照“规划好大村，控制好小村，搬迁偏远、散村”的原则，抓两头，带中间，积极稳妥地搞好偏远小村的搬迁合并和旧村、空心村改造。规划建设河口街道城郊片、六合乡城乡结合片、太平乡驻地周边村、新户乡驻地周边村等4个示范片46个示范村建设。

建设新型班子。加强村两委班子建设，为新农村建设提供坚强的组织保障。一是加强村级党组织和党员队伍建设。采取机关干部到村任职、内举与外聘相结合等方式，把思想政治素质高、群众威信高和带头致富能力强、带领群众致富能力强的优秀人才选进村班子，增强农村基层党组织活力。加强对村级后备干部的选拔培养。从全区农村致富能手中发展党员120人，建立360多人的村级后备干部队伍，有250余名党员致富能手进入村“两委”班子。创新农村干部任用机制，2009年在新户乡开展公开考选农村党支部书记试点工作。二是村级管理制度。制定《村级干部管理量化考核办法》，对考核的范围和对象、内容和评分标准、方法和程序、等次评定标准和结果的运用等都作明确规定。三是包村帮扶工作。河口区对每一个城中村、城郊村和乡镇驻地周边村，都落实一名区级领导和一个区直部门包靠，乡镇党委书记、乡镇长各包一个村，一包两年。对所包村的基础设施建设、产业发展、文明示范区建设、村庄秩序整治、基层组织建设、村庄庭院绿化等工作一包到底。

2015年，培育新型农业经营主体，全区培育发展农业企业86家，带动农户1.4万户，60%以上的农户进入产业链经营；家庭农场发展到55家，经营土地面积4.2万亩；种粮大户达到211个，种植面积11万亩；农民合作社248家，农户入社率达到57.19%。农村“四新工程”的目标基本实现。

第四节　新型农民学校

2011年，河口区按照全市创建新型农民学校的部署要求，立足全区实际，创新实施“慧民使者”行动，打造“慧民使者”品牌。一是摸清培训需求。发放《致全区农民朋友的一封信》。开展农民培训需求“拉网式”调查摸底工作，发放培训需求调查表47000余份。制定出台《河口区新型农民学校2012—2014年农民培训规划》和《河口区新型农民学校2012年培训计划》。二是整合培训资源。全区建成镇街分校6处，教学点45个，培训基地（实训基地）23处，形成区、镇街、培训基地（实训基地）、教学点四级培训网络。建立区镇两级师资库，组建一支由92人组成的师资队伍。集中编制一批新型农民培训教材，在区电视台开办《农业科技苑》专题栏目。在4个镇街58个村推广“慧民小喇叭”工程，安装“慧民小喇叭”6800余个。依托河口区“3612345”民生热线搭建互动平台，满足培训需求。三是丰富培训形式。开展“送智于民、送课下乡”千场培训活动，集中开展培训。邀请专家教授牵头举办培训班，开展农村政策法规千场宣讲和村级调解员培训班等系列精品培训班。组织开展学历教育培训工作，全区共有552名报名者通过考试录取，其中，中专录取380人，大专录取169人，本科录取3人。

2012年，全区各级举办各类培训班520余期，培训农民党员干部群众13000余人次。充分发挥新型农民学校在加强基层党建、加快推进新农村建设等方面的积极作用，促进农村党员群众素质不断提升。一是抓基础建设。成功申报新户镇生态河循环产业园、河口街道润和蔬菜种植等4处市级培训实训基地，全区市级培训实训基地达到8处。进一步规范和提升远程教育平台日常管理和使用，远程教育工作基础不断夯实。二是抓典型示范。开展首届新型农民“创业之星”评选活动，评选“创业之星”10名，每人给予1万元的创业扶持补贴，帮助其优先申请新型农民创业扶持小额担保贷款，优先获得惠农补贴和扶持政策，并从区级新型农民学校师资库中确定1~3名创业导师进行“一对一”“多对一”帮扶。评选活动的开展，发挥典型的示范引领作用，营造新型农民学校创建工作氛围。三是抓素质提升。深入实施“精品化”培训，邀请省委党校副校长袁永新等专家做专题讲座，组织500余名农村合作社带头人、产业大户赴烟台栖霞、临沂罗庄、枣庄峄城等地观摩学习，全年共计举办培训班322期，其中高层次培训177期，培训农民14000余人次。开展学历教育，全年共计举办学历教育培训50场，培训学员2400余人次，考试合格率达到90%以上。探索推行“双证”培训，对培训考核合格的，发放职业资格证和新型农民培训合格证，提升新农校创建工作规范化水平。四是加大投入力度，保障工作落实。将区农村党员干部现代远程教育管理中心更名为党员教育中心，加挂新型农民学校校务委员会办公室牌子，配齐配强人员力量。2012年，区财政列支200万元，各镇街分别配套专项资金，为新型农民学校创建提供资金保障。

2013年，新型农民学校在教育机制、培训形式、学用转化等方面求突破，实现创建工作整体水平的跨越式提升。一是实施新型农民培训“精品化”工程，提升培训层次。创新实施新型农民培训“精品化”工程，通过入户调研，建立培训需求台账，制订精品培训规划和年度实施计划。培训班采取集中理论学习与外出观摩学习相结合的方式进行，邀请省内外知名农村工作专家进行集中授课，同时组织赴省内大型产业基地、合作社、示范村现场观摩学习。2013 年，全区共举办各类新型农民培训班 513 期，培训农民群众 18901 人次，其中精品班次 76 期，外出考察培训 9 期，培训农民 4884 人次，促进“慧民使者”品牌向“高质、高端、高效”发展。二是加强创业基金使用管理，促进培训成果转化。以新型农民学校创业基金为撬杆，以创业培训为基点，力促培训成果学用转化，带动农民增收致富。建立创业基金管理联席会议制度，组建包括联席会议成员单位分管领导、各镇街妇联、劳保、新型农民学校工作人员、村级代办员等在内 200 余人的工作队伍，开展业务知识和技能实战培训。通过广播、电视、发放宣传册等形式广泛宣传新型农民创业基金管理办法及小额担保贷款流程，举办创业技能辅导专题培训班 15 场，以促进学用转化。三是开展学历教育培训，提升农民文化素质。继续抓好学历教育工作，选派专职人员担任督导员，严格落实培训考察，学员自律、课后回访等制度，灵活应用网络教学、小组讨论、学员自学等学习培训模式，加强课后辅导。2013 年，印发教学讲义 5000 余份，制作教师联系卡 550 份，建立学习讨论小组 45 个，共举办学历教育培训 24 期，培训人员 1571 人次。

2014 年，新型农民学校工作。一是抓基础建设。成功申报新户镇生态河循环产业园、河口街道润和蔬菜种植等 4 处市级培训实训基地，全区市级培训实训基地达到 8 处。进一步规范和提升远程教育平台日常管理和使用，远程教育工作基础不断夯实。二是抓典型示范。开展首届新型农民“创业之星”评选活动，评选“创业之星”10 名，每人给予 1 万元的创业扶持补贴，帮助其优先申请新型农民创业扶持小额担保贷款，优先获得惠农补贴和扶持政策，并从区级新型农民学校师资库中确定 1~3 名创业导师进行“一对一”“多对一”帮扶。评选活动的开展，发挥典型的示范引领作用，营造新型农民学校创建工作氛围。三是抓素质提升。深入实施“精品化”培训，邀请省委党校副校长袁永新等专家做专题讲座，组织 500 余名农村合作社带头人、产业大户赴烟台栖霞、临沂罗庄、枣庄峄城等地观摩学习，全年共计举办培训班 322 期，其中高层次培训 177 期，培训农民 14000 余人次。开展学历教育，全年共计举办学历教育培训 50 场，培训学员 2400 余人次，考试合格率达到 90% 以上。探索推行“双证”培训，对培训考核合格的，发放职业资格证和新型农民培训合格证，提升新农校创建工作规范化水平。

2015 年，河口区支撑现代农业发展。积极举办棉花、小麦、大棚蔬菜等各类农业技术培训班 32 期，培训农民 1600 余人，发放各类资料 6000 余份，帮助农民解决各类农业技术问题，农民技术水平进一步提高。认真做好省、市、区“乡村之星”推荐评选管理工作，全区拥有省级乡村之星 2 名，市级乡村之星 6 名，区级乡村之星 10 名，6 名农村实用人才被评为河口区“百名英才”。农村实用人才初具规模，全区拥有各类农业实用人才 1200 人。

2017 年，为方便农机手学好用好农机新技术、新机具，河口区利用农闲季节，结合农机补贴工作，深入各乡镇开展农机新技术培训、新技术咨询服务，发放农机操作技术明白纸 3000 余份。

第五节 创建文明小康村

2008年，累计投资1108.5万元，共硬化街道13.5千米，安装路灯159盏，新建、改建、扩建文化大院8所，建成农村小康书屋15处，活动广场15处，安装活动器械160件，继续推进文明信用工程、“十星级文明户”“好媳妇”“好婆婆”评选等群众性文明创建活动。

2009—2010年，按照“以点带面、连片开发”的工作思路，其实抓好义和镇周边10个村和六合街道10个村的农村文明示范区创建工作，投入资金846.6万元，综合治理示范区人居环境，加强以文化大院为依托的文化基础设施建设。深入开展“十星级文明户”“好媳妇”“好婆婆”等创建活动。是年，河口区农民人均纯收入6622元，同比增长32.3%。每百户大型家具2台，洗衣机75台，电冰箱60台，空调18台，彩电105台，移动电话118部，人均居住面积29.85平方米，同比增长13.7%。全区有36个村被评为市级小康文明村。

2013年，河口区紧紧围绕生态文明乡村建设这条主线，从加强组织领导入手，抓点带面，强化措施，促进农村环境综合整治活动深入开展，农民居住生活环境得到有效改善。完成投资4869万元，清理三堆2618处，清理排水沟渠91400米，植树44万株，新增公共绿地52.2万平方米，新修道路73527米，改造道路9350米，新建、修缮排水沟渠46500米，安装路灯664盏，粉刷房屋27.89万平方米，新增垃圾桶822个、垃圾池35个、环卫三轮车132辆，新增环卫工人116名。

2014年，全面实施村庄“五化”提升工程，重点抓好1个市级示范片、1个市级示范镇、3个区级示范片建设，加大投人，集中连片创建，打造一批精品点，辐射带动周边村居的建设提升。截至年底，完成166个村庄及路域绿化，植树78万株，绿化路域491.2千米；完成乡村公路硬化58.88千米，完成44个村的村内道路硬化93.96千米；完成122个村村庄亮化，安装路灯2334盏；完成墙体粉刷99.7万平方米，其中彩绘4.26万平方米；新建改建排水沟5.08万米；设置竹栅栏8.92万米，无院落户新搭建院墙2.27万米。

2017年，河口区按照“1+N”集中连片创建模式，着手打造4个示范片区，创建3个省级示范村、20个市级示范村和30个区级示范村，确保省级美丽乡村达标村占比60%以上。全区创建省美丽乡村建设示范片区1个，省级美丽乡村建设示范村10个，省级美丽乡村建设达标村70个。组织“新农村新生活”培训活动280余场次，开展群众性文化活动810场次。全区177个村全面落实“四会、一榜、一约”，创建省级文明家庭3家、市级文明家庭10家、区级文明家庭20家，培育引领文明和谐乡风。

2018年，全面排查镇街“断头路”、连村路，在33个村新建、改造村级公路66.5千米。村庄绿化累计植树9万株，造林面积1117亩，完成市年度任务的558.5%。完成1357户旱厕改造任务。15个村，1412户通天然气。规模养殖场粪污处理设施配建率达100%，粪便处理利用率达88%。完成农村生活污水集中处理项目1个。对新建雨污分流、粪便储存场地和污水暂存池的167家规模养殖场扶持479万元。全区233家规模养殖场中已有233家配套建设了粪污处理设施，配建率达到100%，粪便处理利用率达到88%，污水处理利用率达到62%。

全区创建省美丽乡村建设示范片区1个，省级美丽乡村建设示范村12个，省级美丽乡村建设达标村93个。按照"1+N"集中连片创建模式，着手打造1个市级示范片区，3个区级示范片区，创建2个省级示范村、3个市级示范村和21个区级示范村，确保省级美丽乡村达标村占比67%以上。全区创建区级最美家庭70家，组织"新农村新生活"培训活动137场次，开展群众性文化活动810场次。

第六节　乡村精神文明建设

2010年，全区城乡精神文明建设同步推进，各类创建活动蓬勃开展，精神文明创建工作跨入全省先进行列。推进农村文明示范区创建工作。按照"以点带面、连片开发"的工作思路，切实抓好六合街道周边10个村的农村文明示范区创建工作。制订实施示范区创建规划，到现场指导、督促创建工作。投入资金400余万元，综合治理示范区人居环境，加强以文化大院为依托的文化基础设施建设。

2011年，开展乡村文明行动。将"乡村文明行动"列入全区便民实事工程，现场指导、督促创建工作，加大推进力度，新户镇太平社区、南六合社区2个农村社区13个村顺利通过全市考核验收。是年，六合街道河安社区及4名个人分别当选为全市"五十佳"。当年，新增省级文明单位2个、省级文明机关2个、省级文明村镇3个、省级文明社区1个。

2013年，乡村文明行动工作将全区农村划分为示范村、提升村、计划拆迁村三种类型。选取六合街道作为示范镇街，新户、义和、河口街道3个片区作为示范片区，对60个示范村实行高标准规划建设，整体推进。六合街道被命名为首批乡村文明行动省级示范镇，7个村被列入省市级"乡村文明家园"项目，15个村被列入市级示范村。

2014年，以乡村文明建设提升年活动为抓手，切实抓好乡村基础设施建设、城乡环卫一体化、乡村道德建设及"百镇千村"示范工程等工作，农村环境面貌和文明程度显著提升。对全区农村文化设施进行修复和更换，全区177个村全部实现"四通"，所有农村社区全部实现"五个一"，即建设一处文化大院、一处文体活动广场、一条文化宣传大街、一批文体活动器材、一支文艺表演队伍，初步构建起多样、便民、共享的乡村特色文化服务新体系。深入实施"新农村新生活"培训工程，举办各类培训班178场次，培训人员6800余人次。

2015—2017年，扎实推进农村精神文明创建。结合乡村文明建设专项行动，抓好乡村基础设施建设、城乡环卫一体化、"新农村新生活"培训、移风易俗等工作，农村环境面貌和文明程度显著提升。突出抓好乡村文明移风易俗工作，利用广播电视、政府网站、"智慧河口"手机台等媒体，广泛宣传移风易俗和殡葬政策，引导广大干部群众摒弃陈规陋习，弘扬节俭新风。全区177个村全部落实"四会、一榜、一公约"，并按照移风易俗重大事务公示制要求，全部设立高标准公示牌加以公示，促进群众自治组织的主体作用，积极培育婚事新办、丧事简办、文明理事的社会新风尚。

2018年，河口区深入实施乡村文明行动，抓点连片带面，设施、保洁、硬化、绿化全面推进，新创建全国文明村1个，省级文明村5个，13个村创建为省级美丽乡村建设示范村，84个村通过省美丽乡村建设验收，19个村入选省级“乡村文明家园”建设示范村（居）。扩大移风易俗宣传，弘扬节俭新风，在2018年上半年村风民风电话满意度调查中，位列山东省第十。积极推进新时代文明实践试点建设，建设完成孤岛镇分中心，突出红色教育，打造“东方红”文明实践中心品牌。

第七节　民主管理

2009年开始，河口区为适应新农村建设的要求，在农村广泛推行民主管理，使村民自治更加深入。

一、管理目标

对全区178个村进行全面排查分析。从中筛选出产业结构相对单一、管理粗放、集体经济薄弱的50个“穷村”。河口区在清理、规范原有规章制度的基础上，从健全完善各项工作规程入手，村级班子发挥功能差、班子成员素质低、干部群众人心散的10个“弱村”；偷油成风、上访不断、财务混乱的8个“乱村”。研究提出加强村级事务规范化管理的总体思路，并在矛盾最突出的六合乡进行试点。按照“经济部门帮穷村、党群部门包弱村、政法部门治乱村”的原则，从区直部门、单位抽调582名干部组成工作组，对相对落后的村进行集中整治。

二、管理体系

全区共产生人民调解、治安保卫、公共卫生、计划生育等村委会下属委员会934个，产生村民小组长1388人，推选村民代表3682人，建立村理财小组和监督小组各178个，聘请各类管理员1000名。区财政每年列支200万元用于村主职干部工资，由各乡镇按考核情况发放。综治调解员主要负责对村里的矛盾纠纷进行全面调查摸底，误工补助标准是720元/年；计生专干主要负责宣传计划生育的政策法规，协助区乡做好本村的计划生育工作，工资标准是1500元/年；信访信息员主要负责及时汇报本村的信访隐患，协助处理信访事宜，工资标准是大村720元/年、小村600元/年；劳动保障协理员主要负责调查统计和上报本村的人力资源信息，并及时向村民发布用工需求信息，误工补助标准是500元/年；远程教育管理员主要负责管理维护远程教育接收点设备，做好信息资源的应用推广，为开展党员培训和农民实用技术培训搞好服务，工资标准是600元/年。

三、管理运行

程序　对发展党员、人员调整、重要财务支出、村级经济和公益事业发展规划、年度工作计划、集体经济项目和公益事业建设等事关群众切身利益的11个方面的重要事项，按照“提、议、审、示、决”五步工作法，由村“两委”根据群众对表决事项的关注程度以及本村村情等因素，实行以户为单位或召开村民代表会议的形式进行票决。将农村群众需要到上级办理的住宅建设、农村五保户审批、良种供应服务、政策法律咨询、户籍业务等9个方面27项事宜，按照审批权限的不同，分别由区、乡、村三级代办员无偿办理，属于村级权限内的事项立即办理；属于乡镇办理的，由村代办员到乡镇服务大厅办理；需要区级办理的事项，由乡镇工作人员负责到区行政服务中心统一办理，并在规定时间内将办理情况向群众反馈。

监管　村党支部在换届后，根据发展需要和本村实际，合理确定任期目标和年度工作计划，实行双向承诺，接受乡镇党委考核和村民监督。村级财务在“所有权、使用权、受益权”三权不变的前提下，统一交由乡镇、街道农经站管理。推行村级财务民主理财小组全面审查制度，接受群众监督。规范完善合同监管制度，凡是以村委会名义签订的经济合同，都要按规定程序报乡镇：农村合同监管中心审核签署。严格村务财务公开制度，凡涉及农村经济和社会发展的重大事项、财务收支情况，每月定期向村民公开一次。

奖惩　各乡镇、街道均建立考核奖惩制度、考核办法。以年终综合考核评价为标准，按照奖优罚劣的原则进行发放。

2010—2018 年，河口区实行村级民主管理，密切干部群众关系。全区统一规定每月 8 日为财务公开日，对涉及村民切身利益的财务事项全部公开。每月定期指导组织民主理财小组对各村收支进行理财，每村选出 3~5 名威信高的群众，有一定会计知识的村民代表组成民主理财小组，对本村的经济活动情况进行审计，对不合规定或不合理开支予严禁入账。建立监督和反馈制度。对公开内容不合规定的村，按规定时间整改财务公开榜。这种管理模式已成为河口区一种村民自治民主管理的长效机制。

第三章　惠农补贴政策

第一节　政策分类

随着改革开放的不断深入和农村经济的转型发展，国家对农民补贴的类别繁多，涉及农业、林业、畜牧业、渔业、社会保障、计划生育、移民、灾损、农机、日用品、新农村、就业培训等，种类达 80 多种。河口区实施的惠农补贴主要有：种粮直接补贴、良种补贴、农资综合直接补贴、油菜良种补贴、农机具购置补贴、农业政策性保险、农村土地政策、农村合作医疗等。

第二节　政策落实

2009 年开始，河口区调整财政支出结构，加大对农业农村的资金支持力度。改善群众生产生活条件。

2013 年，河口区严格按照实施方案的程序和范围，规范申报、审核、公示、核查等程序，制订详细的工作流程图，坚持做到“五到位”“五不准”，确保各环节措施得力、程序严密、手续规范完整、数据真实准确，切实做到公平、公正、公开。严格实行责任制度，层层落实到人，加大督导抽查核实力度，并实行“一卡通”兑付补贴资金，不折不扣的落实各项惠农政策。通过“一卡通”兑付粮食直补和良种补贴资金和农机购置补贴资金。

2016 年，严格执行核定政策和办法，落实的主要惠民政策为：小麦直补、棉花目标价格补贴、种粮大户补贴、农机购置补贴等。并扎实做好政策性农业保险入保工作。

2017年，在做好上一年各项补贴的基础上，实施种粮大户补贴，补贴面积为11.8万亩。做好政策性农业保险入保工作，全区小麦、玉米、棉花、水稻总投保面积为28.2万亩。

2018年，落实小麦直补面积为13.86万亩，落实补贴资金为1733.03万元。落实全区小麦、玉米、棉花、大豆总投保面积为32.75万亩，累计保费为540.45万元，保额为1.24亿元。

第三节　良种补贴

良种补贴包括：小麦、玉米、棉花、水稻（其中，小麦是实物补贴）。补贴标准：小麦和玉米是10元/亩，棉花和水稻是15元/亩。所有补贴资金都是通过财政涉农“一本通”直接拨付到农户手中。

2009年开始，在河口区实施良种补贴，补贴农作物包括小麦、玉米、棉花、水稻。小麦良种补贴标准每亩补贴10元，采取“省级统一政府采购良种、中标企业供种到村、农民支付差价款购买良种”的补贴方式进行补贴。玉米补贴标准每亩补贴10元，棉花、水稻补贴标准每亩补贴15元，玉米、棉花和水稻良种补贴采取“省级公开推介良种，农民自愿购种，补贴资金由财政通过财政涉农补贴资金‘一本通’直接发放”的补贴方式。玉米、水稻和棉花良种补贴依据是核定的当年玉米、水稻和棉花实际种植面积，种植面积核定工作分为层次进行。

2010年，制订《河口区2010玉米（水稻）良种补贴实施方案》《河口区2010年棉花良种补贴实施方案》《河口区2011年度小麦良种补贴实施方案》。全年总计落实各项惠农政策补贴资金892.20万元，涉及到全区25630户种植户，总面积50.53万亩，其中：小麦直补面积2.40万亩，涉及3809户农民享受小麦直补资金199.27万元。全区棉花良种补贴涉及13648户，面积41.77万亩，需补贴资金626.57万元；全区玉米良种补贴涉及玉米6510户，面积4.75万亩，补贴资金47.53万元；全区水稻良种补贴涉及18户，面积0.54万亩，补贴资金8.16万元；2010年，全面落实党在农村的各项政策。认真落实粮食直补、棉花良种补贴、农机补贴、农业保险等强农惠农政策，累计发放各类补贴资金1538.8万元。

2011年，全年总计落实各项惠农政策补贴资金915.04万元，涉及全区22381户种植户，总面积53.01万亩，其中，小麦直补面积1.615万亩，涉及2749户农民享受到小麦直补资金为160.05万元。全区棉花良种补贴涉及14539户，面积47.63万亩，需补贴资金为714.41万元；全区玉米良种补贴涉及玉米4258户，面积2.53万亩，补贴资金为25.31万元；全区水稻良种补贴涉及70户，面积0.58万亩，补贴资金为8.72万元。

2012年，落实棉花良种补贴40.89万亩，资金为613.36万元；落实玉米良种补贴7.62万亩，资金为76.15万元；落实水稻良种补贴1.02万亩，资金为15.34万元；落实小麦良种补贴0.94万亩，小麦良种7.02万千克。

河口区根据省农业厅、省财政厅《关于印发〈山东省2012年中央财政玉米和水稻良种补贴项目实施方案〉的通知》(鲁农财字〔2012〕45 号)文件精神和市农业局通知要求，河口区高度重视，认真核实玉米、水稻的种植面积，并实行村委会和镇街道两级公示。

是年，河口区根据省农业厅、省财政厅《关于印发〈山东省 2012 年中央财政小麦良种补贴项目实施方案〉的通知》(鲁农财字〔2012〕42 号)文件精神和市农业局通知要求，河口区认真做好宣传发动、调查核实等环节工作，经审核，2012 年全区小麦良种补贴实际补贴面积为 9155.72 亩，其中济麦 22 品种 6444.02 亩、良星 99 品种 3011.7 亩。良种补贴资金 275996.6 元。落实玉米良种补贴 76151.37 亩，落实资金 761.15 万元；落实水稻良种补贴 2.09 万亩，落实资金 31.35 万元；落实小麦良种补贴 0.92 万亩，落实补贴资金 27.60 万元(表 7-4、表 7-5)。

表 7-4　2012 年中央财政玉米良种补贴项目河口区种植面积核定汇总表

镇(街道)	补贴户数(户)	种植面积(亩)	分品种面积(亩)				补贴金额(万元)
			郑单 958	鲁 981	登海 605	招玉	
新户镇	2265	15685.55			15685.55		156855.5
义和镇	2176	19012.10			19012.10		190121.0
河口街道	332	5390.00			5390.00		53900.0
六合街道	148	2688.52			2688.52		26885.2
仙河镇	13	11450.00	11450.00				114500.0
济军基地	194	21925.2			6787.5	15137.7	219252.0
合计	5128	76151.37	11450.00		49563.67	15137.7	761.15

表 7-5　2012 年山东省中央财政小麦良种补贴项目河口区统一供种清册

镇、街道	补贴户数	良种补贴面积(亩)	补贴品种	补贴良种数量(千克)	补贴良种总价(元)	农户交款数额(元)
新户镇	145	1535.93	良星 99	11519.475	45271.54	29835.44
	197	1949.72	济麦 22	14622.9	57468.00	37873.3
义和镇	552	3054.30	济麦 22	22907.0	90025.49	59329.13
	541	1383.70	良星 99	10378.5	40787.51	26880.315
六合街道	1	35.00	济麦 22	262.5	1031.63	679.875
孤岛镇	21	1405.00	济麦 22	10537.5	41412.38	27292.125
合　计	1457	9155.72		70227.875	275996.6	181890.2

2013 年，根据省农业厅、财政厅《关于印发山东省 2013 年中央财政玉米、水稻和棉花良种补贴项目实施方案的通知》(鲁农财字〔2013〕54 号)精神和市农业局、财政局通知要求，河口区加大政策宣传力度，严格工作程序，周密部署并层层落实责任，如期完成了分区域、分农户玉米和水稻种植面积的核定工作(表 7—6)。

表 7-6　2013 年中央财政玉米良种补贴项目河口区种植面积核定汇总表

镇（街道）	补贴户数	种植面积（亩）	分品种面积（亩）	补贴金额（元）
			登海 605	
新户镇	2609	30143.55	30143.55	301435.50
义和镇	3314	30461.60	30461.60	304616.00
河口街道	879	10243.70	10243.70	102437.00
六合街道	594	13690.90	13690.90	136909.00
孤岛镇	267	37867.10	37867.10	378671.00
仙河镇	12	11567.00	11567.00	115670.00
合 计	7675	133973.85	133973.85	1339738.50

落实小麦直补面积 3.791 万亩，兑付补贴资金为 267.58 万元；落实小麦“一喷三防”补贴资金为 10.7 万元；落实棉花良种补贴 40.89 万亩，落实资金为 613.36 万元。

当年，中央财政水稻良种补贴推介品种为：圣稻 16、阳光 200、临稻 16、临稻 11 号、临稻 10 号、大粮 203、圣稻 15、圣稻 13、临稻 15 号、圣稻 17、圣稻 14、津原 45、盐丰 47、临稻 18、圣稻 2572、阳光 600、临稻 19 号。共计 17 个。

推介玉米品种 37 个，分别为：金阳光 7 号、连胜 188、鲁单 9066、伟科 702、登海 6702、中单 909、隆平 206、登海 605、鲁单 818、黑马 603、济玉 1 号、三北 218、青农 105（春玉米）、蠡玉 37、德利农 988、津北 288、天泰 33 号、德玉四号、美锋 0808、威玉 308（春玉米）、郑单 958、浚单 20、金海 5 号、农大 108、鲁单 981、登海 3622、金海 604、莱农 14 号、丹玉 86（春玉米）、中科 11 号、聊玉 20、齐单 1 号、先玉 335、聊玉 22 号、淄玉 14、振杰 4 号、天泰 55。

推介小麦品种 52 个，分为强筋品种、大穗品种、中（多）穗型品种、旱地品种和晚播早熟品种五种类型。其中：强筋品种（5 个）：济南 17 号、烟农 19 号、洲元 9369、济麦 20 号、师栾 02-1；大穗品种（9 个）：泰农 18、临麦 4 号、临麦 2 号、郯麦 98、山农 21、聊麦 18、潍麦 8 号、山农 23 号、鲁麦 23 号。

中多穗型品种（30 个）：济麦 22、良星 99、良星 66、汶农 14 号、良星 77、山农 22 号、泰农 19、烟农 24 号、泰山 23 号、山农 15 号、青丰 1 号、青农 2 号、烟农 5158、山农 17、齐麦 1 号、鑫 289、烟农 2415、邯 6172、鲁麦 21 号、烟农 15 号、邯 00-7086、山农紫麦 1 号、烟农 999、汶农 17 号、鲁原 502、冀麦 585、山农 20、鲁垦麦 9 号、泰山 27、菏麦 18；旱地品种（7 个）：青麦 6 号、烟农 21 号、山农 16、青麦 7 号、烟农 836、菏麦 17、垦星 1 号；晚播早熟品种（1 个）：济宁 16 号。

2014 年，根据省农业厅、财政厅《关于印发山东省 2014 年中央财政农作物良种补贴项目实施方案的通知》精神和市农业局、财政局《关于做好 2014 年中央财政小麦、玉米、水稻和棉花良种补贴工作的通知》（东农发〔2014〕118 号）通知要求，河口区高度重视，严格实行分级负责制，周密部署并层层落实责任，如期完成了分区域、分农户玉米、水稻和棉花种植面积的核定工作。经审核汇总，河口区共落实小麦、玉米、水稻、棉花良种补贴面积 50.7 万亩，共落实中央财政补贴资金 615.45 万元。

其中，小麦良种补贴面积 9.7 万亩，落实中央财政补贴资金 97.15 万元；玉米良种补贴面积约 19.4 万亩，落实中央财政补贴资金约 194.1 万元；水稻良种补贴面积 4.1 万亩，落实中央财政补贴资金 61.9 万元；棉花良种补贴面积 17.5 万亩，落实中央财政补贴资金 262.3 万元（表 7–7）。

表 7–7　2014 年中央财政玉米良种补贴项目河口区种植面积核定汇总表

镇（街道）	补贴户数	种植面积（亩）	分品种面积（亩）				补贴金额（元）
			郑单 958	兴贮一号	莘州 158	登海系列及其他	
新户镇	3257	68463.45	68463.45	0	0	0	684634.50
义和镇	3761	36798.36	36798.36	0	0	0	367983.60
河口街道	1109	18675.00	14177.00	2468	2030	0	186750.00
六合街道	1048	22675.60	22675.60	0	0	0	226756.00
孤岛镇（济军基地 224 户）	224	36652.60	15444.90	0	0	21207.7	366526.00
仙河镇	55	10829.50	10829.50	0	0	0	108295.00
合　计	9454	194094.51	168388.81	2468	2030	21207.7	1940945.1

第四节　粮食直补

粮食直补包括小麦直补和农资综合补贴。依据核定的作物实际种植面积确定。补贴标准：根据核实的小麦种植面积进行补贴，每年补贴标准不同（具体补贴标准由省级部门确定），2012 年补贴 100 元 / 亩，2013 年度 125 元 / 亩。补贴方式：所有补贴资金都是通过财政涉农“一本通”直接拨付到农户手中。

2004 年开始，在河口区实施粮食直补政策，2006 年开始实施农资综合直补政策。对种粮农民的粮食直补和农资综合直补品种为小麦，以折实小麦种植面积为计算补贴资金依据，对种粮农民粮食直补和农资综合直补标准执行全省统一规定的补贴标准，粮食直补和农资综合直补资金合并发放，以财政涉农补贴资金“一本通”形式直接兑付。小麦种植面积的核定工作程序包括：种粮农民自报告折实面积，村委会核实、汇总上报、公示（由乡到村公示）、确定，乡政府汇总、公示、确定、上报，区政府汇总上报。

2010 年，小麦直补面积 23965.23 亩，涉及 3809 户，农民享受到小麦直补资金 199.27 万元，补贴资金已通过一卡通的形式发放。

2012 年，全面落实小麦综合直补，小麦直补面积 13252 亩，兑付补贴资金 132.52 万元；落实小麦“一喷三防”补贴资金 66260 元。

2013 年，累计通过“一卡通”兑付粮食直补和良种补贴资金 884.89 万元。补贴面积 2.14 万亩，兑付补贴资金 267.5 万元。

2014 年，小麦综合补贴，核定面积 4.77 万亩，落实补贴资金 596.16 万元；严格种粮大户补贴范围，落实补贴资金 105.21 万元；争取上级物化补贴资金 24 万元，开展小麦“一喷三防”工作。

2015 年，切实抓好各项惠农政策落实，做到及时、足额发放。是年，全面落实小麦综合直补面积 9.99 万亩，兑付补贴资金 1248.75 万元，小麦“一喷三防（喷一遍药，防虫、防病、防干热风倒伏）”补贴资金 25 万元，棉花目标价格改革补贴政策，核实补贴面积 17.36 万亩，落实资金 4080.40 万元。落实种粮大户和种粮家庭农场补贴面积 12.73 万亩，共 227 户。争取国家农机具购置补贴资金 400 万元。

2016 年，落实小麦直补面积 9.04 万亩，落实补贴资金 1129.98 万元；配合区统计局完成 2015 年棉花目标价格补贴面积核实工作，核实面积 14.43 万亩，应补贴资金 2164.51 万元；种粮大户补贴工作顺利实施，补贴总面积 11.4 万亩。

2017 年，落实小麦直补面积 11.8 万亩，落实补贴资金 1469 万元；种粮大户补贴工作顺利实施，补贴总面积 11.8 万亩。

2018 年，落实小麦直补面积 13.86 万亩，落实补贴资金 1733.03 万元；种粮大户补贴工作全面完成。

第五节　政策性农业保险

承保范围　小麦、玉米、棉花政策性农业保险工作，保险范围覆盖全区。

保险品种　政策性农业保险范围内的镇（街道）开展小麦、玉米和棉花的承保工作。在农民自愿交足保费的前提下，做到应保尽保。

保险责任　根据河口区主要自然灾害特点，政策性农业保险补贴险种的保险责任范围指：小麦保险责任为火灾、雹灾、风灾、冻灾、涝灾、旱灾和重大流行性病虫害（小麦条锈病和小麦吸浆虫，以镇街为单位，出现对小麦造成 50% 以上减产时，由省级核损定损专家进行鉴定）等无法抗拒的自然灾害；玉米保险责任为雹灾、涝灾、风灾和重大流行性病虫害（玉米粗缩病和玉米螟，以镇街为单位，出现对玉米造成 50% 以上减产时，由省级核损定损专家进行鉴定）等无法抗拒的自然灾害；棉花保险责任为雹灾、涝灾和重大流行性病虫害（棉花黄萎病和棉铃虫，出现对棉花造成 50% 以上减产时，由省级核损定损专家进行鉴定）等无法抗拒的自然灾害。

保费标准及金额　小麦保险：保险费 10 元 / 亩，保险金额 320 元 / 亩；玉米保险：保险费 10 元 / 亩，保险金额 300 元 / 亩；棉花保险：保险费 18 元 / 亩，保险金额 450 元 / 亩。

保费补贴比例　根据《财政部关于 2008 年度中央财政农业保险保费补贴工作有关事项的通知》（财金〔2008〕52 号）要求，河口区农户对小麦、玉米、棉花进行投保的，由农户缴纳保费的 20%，其余 80% 由政府给予补贴。政府补贴部分分担比例为中央、省级财政补贴 60%，市级财政补贴 10%，区级财政补贴 10%。

保险期限及签约、理赔时间　保险期限为镇（街道）保险代办机构收到农民保费后的 10 日内出单至作物收获。保险签约截止期：小麦保险签约期为上一年 11 月底，棉花 5 月底，玉米 7 月 15 日。理赔期限小麦最迟 8 月底前理赔结束，玉米 11 月底前，棉花 12 月 20 日前。理赔资金要通过“一卡通”

支付给受灾农户，不得跨年度赔付。

承保公司 中国人民财产保险股份有限公司河口支公司。

保险运作 承保公司按照市场化原则承担农业保险业务，自主经营，自负盈亏，按照保险合同履行赔付责任。在运作机制上，承保单位要认真贯彻省政府鲁政办发〔2009〕2号文件精神，探索建立保险机制与农业技术推广部门开展政策性农业保险的合作机制。建立农业保险巨灾风险金制度，提高巨灾风险补偿能力。利用再保险，建立“以险养险”的补充机制，分散经营风险，提高抗风险能力。

勘查定损 参保农作物出险后，被保险人要及时向村委会报告，村委会在24小时内向镇（街道）政策性农业保险办公室报案，镇（街道）在24小时内分别报区政策性农业保险领导小组办公室和承保公司。承保公司及时组织投保人填报《损失清单》，会同农业部门在48小时内负责组织核损理赔专家组（由农业、财政、受灾作物所在镇街及承保公司的专家组成）到现场查勘，查明农作物受损原因、拍摄受损现场、核定受损数量、确定损失率，专家组根据查勘情况及时出据《灾害损失报告书》并报送区政策性农业保险工作领导小组，同时通报承保公司，专家组出据的《灾害损失报告书》为理赔的重要依据。承保公司填写《初步定损清单》后，报区政策性农业保险领导小组办公室备案。承保公司要严格按照省农业保险理赔流程，根据保险合同约定和《灾害损失报告书》确定赔偿金额，赔偿确定金额后，承保公司应按规定及时将赔款支付给受灾农户。理赔结束后，现场勘查记录，拍摄现场照片，绘制现场平面图、灾害损失报告书等重要资料由区政策性农业保险领导小组办公室和承保公司各自存档，以备缮制赔案。

资金管理 政策性农业保险保费补贴资金管理办法按照山东省财政厅印发的《山东省种植业保险保费财政补贴资金管理办法》（鲁财金〔2008〕41号）文件执行。

投保与理赔 2008年开始，河口区试点实施小麦、玉米、棉花政策性农业保险工作，保险范围覆盖全区。政策性农业保险经省农业厅、财政厅、金融办、保监会山东监管局等部门指定，由中国人民财产保险股份有限公司河口支公司承保。

2008年理赔25.96万元，2009年理赔202.44万元。

2010年，河口区为农业保险试点县区，按照上级部门的要求，积极开展全区小麦、棉花、玉米保险工作。全年来河口区小麦承保0.99万亩，承保率41.24%；玉米承保2.63万亩，承保率48%；棉花承保34.72万亩，承保率83.6%；全区各种作物承保比例较高，争取各级补贴资金516.61万元。8月，全区遭受多次强降水，给各种农作物造成严重损失。灾情发生后，与东营市人寿财产保险公司河口区分公司，对各种作物的受损面积进行勘查、定损，对理赔事宜进行积极沟通、协商。年底前完成全区棉花、玉米灾后理赔工作，棉花核损面积1.27万亩，理赔金额161.97万元；玉米核损面积0.02万亩，理赔金额6.58万元。棉花理赔金额为1022.93万元，玉米理赔金额为32.03万元，11月份底前全部完成赔付兑现。

2012年，争取国家农机具购置补贴资金490万元，用于落实小麦、玉米、棉花政策性农业保险，小麦入保1.02万亩，棉花入保27.25万亩、玉米入保5.70万亩。实际承保玉米0.82万亩，承保率 39.5%；棉花承保 30.43 万亩，承保率 63.88%；全区各种作物承保比例较高，收取各级保费资金 629.67 万元。

2013 年，河口区遭受强降水袭击，农作物涝灾严重，灾情发生后，及时指导群众抗灾救灾，做到“三及时、三到位”，发布灾后管理技术意见 3 万份，拨付给各镇街抗灾救灾资金 24.75 万元。同时，积极协调、督导政策性农业保险承保公司进行现场勘察，认真核实灾情，对成灾地块进行准确调查登记，按照规定程序做好定损、理赔工作，确保农业生产顺利进行。2013 年，河口区总投保面积 33.63 万亩，其中，小麦 2.01 万亩，投保率 93.8%；棉花 22.57 万亩，投保率 82.9%；玉米 9.05 万亩，投保率 67.54%。是年，部分棉花遭受雹灾，大面积玉米、棉花遭受涝灾，给农业生产造成严重损失。通过区政策性农业保险工作领导小组办公室不断协调督促，雹灾核定受灾面积 0.11 万亩，落实赔款 18.58 万元，亩均赔付 163.27 元（表 7-8）。

表 7-8　2008—2013 年河口区政策性农业保险工作开展情况统计表

年份	保险品种	种植面积（万亩）	承保面积（万亩）	保费（万元）	保险金额（万元）	核定受灾面积（万亩）			赔款总额（万元）			亩均赔款（元）		
						雹灾	涝灾	风灾	雹灾	涝灾	风灾	雹灾	涝灾	风灾
2008	小麦	1.24	0.89	10	320	无	无	无	无	无	无	无	无	无
	玉米	2.17	16.69	10	300	无	无	无	无	无	无	无	无	无
	棉花	25.89	14.62	18	450	无	14.6	无	无	50.00	无	无	3.42	无
2009	小麦	2.10	0.19	10	320	无	无	无	无	无	无	无	无	无
	玉米	4.967	1.78	10	300	无	1.52	无	无	17.52	无	无	11.53	无
	棉花	25.00	16.21	18	450	无	18.5	无	无	184.91	无	无	无	无
2010	小麦	2.40	0.99	10	320	无	无	0.26	无	无	2.57	无	无	9.88
	玉米	4.75	2.63.	10	300	无	1.85	无	无	31.51	无	无	17.03	无
	棉花	41.77	34.73	18	450	无	31.2	无	无	986.47	无	无	31.62	无
2011	小麦	1.62	1.45	10	320	无	无	无	无	无	无	无	无	无
	玉米	2.53	0.82	10	300	无	0.80	无	无	6.58	无	无	8.23	无
	棉花	47.63	30.43	18	450	0.015	无	无	2.98	165.55	无	196.8	无	无
2012	小麦	2.14	1.02	10	320	无	无	无	无	无	无	无	无	无
	玉米	7.62	5.70	10	300	无	无	4.54	无	128.43	无	无	无	无
	棉花	40.89	27.25	18	450	0.38	无	无	15.6	无	无	41.05	无	无
2013	小麦	2.14	2.01	10	320	无	无	无	无	无	无	无	无	无
	玉米	13.40	9.05	10	300	无	无	无	无	无	无	无	无	无
	棉花	27.63	22.57	18	450	0.11	无	无	18.58	无	无	163.27	无	无
合计						0.505	67.75	4.8	36.48	972.24	2.57	258.42	71.83	9.88

说明：保费由农户缴纳 20%，其余 80% 由政府给予补贴。政府补贴部分分担比例为中央、省级财政补贴 60%，市级财政补贴 10%，区级财政补贴 10%。

2014年，落实小麦、玉米、棉花政策性农业保险，小麦入保4.55万亩，棉花入保17.7万亩、玉米入保17.3万亩。承保小麦、玉米、棉花投保面积39.57亩，财政补贴资金430.15万元，保险金额14624.44万元；日光温室大棚蔬菜承保115亩，财政补贴资金2.3万元，保险金额230万元。是年，新户镇部分棉田遭受雹灾，及时按程序形成雹灾损失评估意见，核损成灾面积，通过多次督促，承保公司赔付到户；义和镇11月日光温室大棚甜瓜遭受风灾，督促承包公司核定成灾面积49.75亩，核定赔款7.9万元，已及时赔付到户。

2015年，落实小麦、玉米、棉花政策性农业保险，小麦入保8.71万亩，棉花入保14.11万亩、玉米入保14.68万亩。

2016年，全区小麦、玉米、棉花总投保面积29.62万亩，投保率91.36%。协调做好农业政策性保险理赔工作，全区玉米、棉花受灾面积1.42万亩，赔付金额241万元。

2017年，全区小麦、玉米、棉花、水稻总投保面积28.2万亩。

2018年扎实做好小麦、玉米、棉花、水稻等政策性农业保险入保工作，落实全区小麦、玉米、棉花、大豆总投保面积为32.75万亩，累计保费540.45万元，保额1.24亿元。

第六节 农机购置补贴

政策落实 河口区自2005年开始落实国家农机购置补贴政策，2012年，争取国家农机具购置补贴资金490万元。到2013年，全区累计落实农机购置补贴资金2322.343万元。当年，落实农机购置补贴资金529.52万元。有效指标确认书396份，受益户数225户，补贴机具691台，其中耕整地机械145台，收获机械73台，动力机械48台，畜牧水产机械132台。2014年河口区农机购置补贴资金为400万元，打印指标确认书203份，受益户数136户，补贴机具359台，使用资金396.51万元，带动农民群众自行投入资金930余万元。2015年，争取国家农机具购置补贴资金400万元。2016年，全区农机购置补贴550万元全部发放到位。争取农机深松补助经费120万元，完成深松土地面积13万亩。

2017年，农机购置补贴650万元全部发放到位，落实农机深松土地补助经费122.5万元，完成深松土地面积12万亩。2018年，河口区农机购置补贴资金共计567.955万元。

操作流程 2014年，区农业局、财政局制定《2014年河口区农业机械购置补贴工作实施方案》，严格按照“全价购机、定额补贴、区级结算、直补到卡”的程序进行补贴。

（一）确定补贴对象

报名地点设在区农业机械管理中心农机推广站。为进一步规范农机购置补贴工作程序，确保农机购置补贴政策不折不扣落实到农民手中，在购机报名及信息采集时要做到“人、证、簿、信”合一。一是农牧渔民购机信息采集时，购机人夫妻双方（单身的需提供相关证明）到场，须携带户口簿、夫妻双方（单身的需提供相关证明）身份证原件及复印件、购机人所在村村委出具盖章同意的并有所在镇（街道）人民政府（办事处）盖章同意的购机申请书，区农机推广站经办人员要拍摄留存购机人夫妻双方（单身的需提供相关证明）及身份证、户口簿、申请书等原件的照片；二是农民合作社和从事农机作业的农业生产经营组织在购机信息采集时，需要提供经营组织的营业执照和组织机构代码证原件及复印件、法人身份证和户口本原件及复印件、经营组织出具加盖公章的并有所在镇（街道）人民政府（办事处）盖章同意的购机申请书，要拍摄留存购机法人及身份证、户口簿、营业执照、组织机构代码证、申请书等原件照片。对购机人（农民合作社或从事农机作业的农业生产经营组织）上报资料要严格审核，区农机推广站经办人员、区农机推广站站长、区农业机械管理中心主任要先后审核，严格把关，分别对符合要求的资料签字确认，并将符合要求的资料及拟享受补贴人员名单提交局班子会研究。经局班子会议研究通过的购机者名单在区农业信息网和各村公开栏公示补贴对象信息，公示7天。公示无异议后，通过农机购置补贴管理系统打印自动生成的《农机购置补贴指标确认通知书》（具体格式详见附件 3）一式三份，区农业机械管理中心、财政局签字盖章后生效，一份由区农业机械管理中心留存，一份由区财政局留存，一份交补贴对象留存。《农机购置补贴指标确认通知书》生效期为 30 天，补贴对象应在《农机购置补贴指标确认通知书》下发后 30 天内购机方能享受补贴政策。

（二）全价购机

补贴对象持《农机购置补贴指标确认通知书》在全省范围内自主选择经销商全价购机，并办理购机手续。经销商为购机者开具全额购机发票，并根据实际购机情况在农机购置补贴系统中选择机具品牌、型号等，打印系统自动生成的“补贴机具供货与核实表”，一式三份，购机者、经销商签字确认，一份经销商留存，两份交购机者（一份购机者留存，另一份申请兑付补贴资金时交农机部门）。经销商在补贴机具上喷涂补贴标识及机具编号，要严格按照《补贴机具供货与核实表》生成的机具编号喷涂，体积较小的机具可只喷涂机具编号后四位。实行牌证管理的拖拉机、联合收获机等，购机者要及时办理挂牌、落户手续。

（三）申请兑付

农机购置补贴工作开始实施后，每月 1—10 日，购机者持购机发票及复印件、补贴机具供货与核实表、本人居民身份证或工商营业执照和组织机构代码证原件及复印件、购机者惠民补贴一本通或经营组织的开户银行证明及账号，实行牌证管理的拖拉机、联合收获机等要提供行驶证原件及复印件和人机合影照片向区农业机械管理中心申请兑付补贴资金。区农业机械管理中心在购机发票上加盖“已受理”印章，留存证、票、一本通复印件，其他留存原件。

（四）机具核查

按照监督检查各项规定，在补贴资金兑付和结算前完成机具核查。一是对农牧渔民的购机核查，要做到“人、机、票、号、证、牌、通”合一。对实行牌证管理的拖拉机、联合收获机等，要确保办理挂牌、落户手续，实行逐台核查。农业机械管理中心核查人员要亲自拍摄留存购机人夫妻双方（单身的需提供有关证明）及农机具、购机发票、发动机号、大架号、行车证、机具牌、一本通等原件的照片。对配套机具、饲料机、增氧机等不能挂牌落户的机具，须按照区农业机械管理中心要求时间，将机具运至区农业局大院内进行核实，要拍摄留存购机人夫妻双方及农机具、购机发票、一本通等原件的照片。二是对农民合作社和从事农机作业的农业生产经营组织的购机核查，要做到“人、机、票、号、证、牌、银”合一。对实行牌证管理的拖拉机、联合收获机等，要确保办理挂牌、落户手续，实行逐台核查。农业机械管理中心核查人员要拍摄留存购机经营组织工商注册时所有成员（须提供工商注册时人员名单的证明）及农机具、购机发票、发动机号、大架号、行车证、机具牌、银行账号等原件的照片，对配套机具、饲料机、增氧机等不能挂牌落户的机具，须按照区农业机械管理中心要求时间，将机具运至区农业局大院内进行核实，要拍摄留存购机经营组织法人及农机具、购机发票、银行账号等原件的照片。要主动加大核查力度，加快核查进度，对于核查过的补贴机具，核查人员和被核查人员要在“补贴机具供货与核实表”上签署意见并签字、盖章确认，区农业机械管理中心存档备查。核查人员要严格各项程序，按照“谁核查、谁负责”的要求，因核查程序不到位出现弄虚作假等现象，要追究核查人员责任，同时，被核查人或经营组织 5 年内不得享受农机购置补贴政策。机具核查时，农牧渔民（合作经营组织）所购机具必须在河口区境内进行核实，在河口区境外的机具一律不予核查，并且不能享受农机购置补贴政策。

（五）资金兑付

区农业机械管理中心对核实无误、农民提交的补贴资金结算申请资料进行核查，核查无误的，汇总后向区财政局申请结算资金。区财政局原则上于 20 个工作日内，通过购机者提供的惠民补贴一本通或单位银行账号将补贴资金发放给购机者，并注明“农机具购置补贴”字样。

（六）补贴机具抽查

区农业机械管理中心对补贴政策实施情况进行电话随机抽查或实地抽查。经抽查发现与档案记录不符的，要进一步跟踪调查，了解实情，并及时纠正，必要时书面报上级农机部门封闭问题企业的补贴资格，并追究相关企业责任。购机户（经营组织）应保持电话畅通，如需更换通信方式，应及时告知区农业机械管理中心进行更改。区财政局将会同区农业机械管理中心、纪检监察等有关部门，按照不低于购机农民 10% 的比例，对农民购机后实际在用情况进行抽查核实，发现问题及时处理，发现弄虚作假现象要收回补贴资金，并将抽查核实情况及处理情况逐级上报。对农机具进行抽查时，被抽查户不按抽查小组的要求及时到位，不积极配合工作，确实给机具抽查工作造成一定困难的，经区农机购置补贴工作领导小组研究，决定取消其购机补贴资格，并告知购机人。抽查情况要存档备查。所购农机原则上两年内不得转让，特殊情况需要转卖或转让的，须经区农机管理中心和财政局审批同意。如有擅自转卖或转让行为，取消 5 年申请购买补贴农机的资格。

2009—2018 年，河口区通过认真落实农机补贴政策，争取购机补贴资金，新增各类农业机械，进行耕作整地、秸秆粉碎还田、进行保护性耕作技术推广等，推进农业机械化、现代化发展（表 7–9）。

表 7-9　2009—2018 年河口区农机补贴情况表　（单位：万元、台）

年份	争取购机补贴资金	新增大中型拖拉机	秸秆还田机	农业机或配套机具	谷物和玉米联合收获机	免耕播种机	耕作整地机械	完成保护性耕作面积	种植施肥机械
2009	379.952	109	42	184	43	29	20	8.0	15
2010	299.849	88	31	268	31	21	27	9.28	18
2011	399.88	158	20	324	45	32	42	10.01	22
2012	489.8540	74	14	586	29	32	45	10.01	26
2013	507.08	52	10	695	63	32	145	1.89	28
2014	399.556	89	10	368	42	33	20	1.89	32
2015	400	63	12	168	42	36	27	3.12	31
2016	550	99	32	269	56	37	42	3.21	38
2017	632	99	40	269	56	38	42	6.5	42
2018	567.899	74	43	218	58	38	45	8.99	45

第四章　减轻农民负担

第一节　减负目标

根据《农民承担费用和劳务管理条例》（1991 年 11 月 5 日国务院第九十二次常务会议通过，以下简称《条例》）所称农民承担的费用和劳务，是指农民除缴纳税金，完成国家农产品定购任务外，依照法律、法规所承担的村提留、乡统筹费、劳务（农村义务工和劳动积累工）以及其他费用。减轻农民负担是为了保护农民的合法权益，调动农民的生产积极性，促进农村经济持续稳定协调发展。

《条例》出台后，国家减轻农民负担政策不断完善，包括涉农收费公示制、村级报刊订阅限额制、义务教育收费一费制、农民负担案件责任追究制，等等，为减轻农民负担，河口区成立农民负担监督管理委员会，各村作为一项村务公开的主要内容。各市县也设立了相应的机构，但农民负担一直居高不下。

在 2003 年全国普遍税费改革试点，取消了包括农业税在内面向农民征收的各种费用，同时取消了农村义务工、劳动积累工。从此农民负担彻底减掉。不但如此，国家的惠农政策也不断加大，包括对种粮农民直补、综合补贴、良种补贴、农机直补、退耕还林补贴等系列政策都是减轻农民负担的一部分。

2009年减轻农民负担监督管理政策又有了新的内容除将面向农民的各种收费，村级一事一议筹资筹劳纳入监管外，也将惠支农政策纳入监管范围。

到2018年，河口区农民减负工作的主要任务目标是：治理农业生产性费用和经营服务乱收费，清理和取消农业用水、用电等生产性费用中的不合理收费和搭车收费，规范农村用水和用电收费办法，逐步推广按照计量收费，纠正按人头分摊水费、电费的不规范行为，严禁向农民以经营服务的名义变相加重农民负担；治理农村中小学教育乱收费，规范农村中小学“一费制”收费办法，制止学校在“一费制”外收取经营服务性费用以及面向农民的乱集资、乱摊派行为；治理对农民工的不合理收费，加大对农民进城务工乱收费和拖欠农民工工资的专项治理力度；治理征地农民补偿政策落实不到位问题，开展征占农民土地合理补偿的专项治理。组织专项检查，设立和公布举报电话，接受群众监督和社会监督。

第二节 减负举措

2009—2010年，河口区始终高度重视减轻农民负担工作，坚持党政一把手负总责。党政一把手亲自抓、负总责，分管领导靠上抓，区、乡充实加强农民负担监督管理领导和办事机构，做到机构、职责、人员、经费“四落实”。落实农民负担监督卡和信访举报制度。全区统一使用和发放省减负办统一印制的农民负担监督卡。在农民负担监督卡上公布各级的监督举报电话。区减负办设立信访办公室，对群众反映的问题会同有关部门及时进行调处，并及时上报，做到案案有结果，件件有回音。

2012年10月29日，区政府召开常务会议，确定将减轻农民负担工作纳入全区政务专项督查，对各镇街及相关部门实行一票否决。根据省《进一步做好减轻农民负担工作的实施意见》（鲁政办发〔2012〕43号）和市委、市政府关于减轻农民负担工作的有关规定，各镇街按照《关于对全区减轻农民负担工作进行检查考核的通知》（东河农负减办字〔2012〕3号）的要求，对辖区内减轻农民负担工作即对农民建房、农村义务教育、修建道路、村村通自来水、新型农村合作医疗、计划生育以及身份证办理、农业用水用电、校舍修建等方面是否存在乱收费、乱摊派现象，有无向村级组织和农民专业合作社乱收费、乱摊派等问题进行全面自查。

2013年，认真落实中央、省、市关于减轻农民负担的各项政策，建立完善农民负担监督管理长效机制，从制度上保证减轻农民负担政策不折不扣地落实到位。抓政策执行。对违反政策规定的收费一律取消，不合理的予以纠正。抓村级开支。按照上级有关规定，对村级开支进行专项检查，界定应由村级开支的费用项目、标准，杜绝部门乱收费、乱摊派，坚持不向村级转嫁负担，确保村级支出能够得到有效控制，保证基层组织的正常运转。

2015年，根据省《转发农业部<关于开展2014年涉农乱收费专项治理>的通知》（鲁农负办字〔2014〕10号）要求，对辖区内农民建房、农村义务教育、农机服务、殡葬服务、计划生育等方面是否存在乱收费、乱摊派现象，有无向村级组织和农民专业合作社乱收费、乱摊派等问题进行全面自查。

2015 年底，区减负办组织有关人员成立检查组，通过采取抽查村级会计账务和有关资料相结合的方式，对全区 4 镇 2 个街道减轻农民负担工作进行检查。认真落实中央、省、市关于减轻农民负担的各项政策，进一步建立完善农民负担监督管理长效机制，从制度上保证减轻农民负担政策不折不扣地落实到位。

2017—2018 年，开展农民负担专项治理。根据（东农负办字〔2016〕3 号）和省《转发农业部减负办关于开展 2016 年涉农乱收费乱摊派专项治理的通知》（鲁农负办字〔2016〕2 号）通知要求，开展涉农乱收费乱摊派专项治理工作，对辖区内农民建房、农村义务教育、农机服务、殡葬服务、计划生育等方面是否存在乱收费、乱摊派现象，有无向村级组织和农民专业合作社乱收费、乱摊派等问题进行全面自查。2018 年底，区减负办组织有关人员成立检查组，通过采取抽查村级会计账务和有关资料相结合的方式，对全区 4 镇 2 个街道减轻农民负担工作进行检查，无乱收费、乱摊派等现象。

第三节　监管制度

农民负担监督卡和信访举报制度　全区统一使用和发放省减负办统一印制的农民负担监督卡。在农民负担监督卡上公布各级的监督举报电话。区减负办设立信访办公室，对群众反映的问题会同有关部门及时进行调处，并及时上报，做到案案有结果，件件有回音。10 年间，全区没有因农民负担问题引发的信访案件。

涉农监管制度　严格执行涉农税收、价格和收费“公示制”、农村义务教育收费“一费制”、农村公费订阅报刊费用“限额制”、涉及农民负担案(事)件责任追究制。

2010—2012 年，在农民减负工作中全面落实“四项制度”。一是落实涉农税收、价格和收费“公示制”。各村建立公示栏、公示牌、公示墙、价目表等，将村的所有收费及价格公示，并同时公示收费的文件依据、项目名称、征收标准、对象范围、举报电话等内容公开。二是落实农村义务教育收费“一费制”。全区中、小学已全面推行“一费制”收费办法。实行收费卡制度，将国家规定的“一费制”收费范围和标准，全部登记在收费卡上。三是落实农村公费订阅报刊费用“限额制”。全区严格执行农村订阅报刊经费不超过 800 元的规定，没有发现订阅报刊经费超过 800 元的村。四是落实涉及农民负担案（事）件责任追究制。区、乡农民负担监督管理部门按照上级文件规定，加强监督检查，认真落实及农民负担案（事）件责任追究制。

2013—2016 年继续全面落实减轻农民负担“五项制度”。减负工作中，严格落实涉及农民负担收费文件“审核制”、涉农价格和收费“公示制”、农村公费订阅报刊“限额制”、农民负担“监督卡制”和涉及农民负担案（事）件“责任追究制”，确保减轻农民负担工作的长期深入有效。定期对涉及农民负担的收费文件进行清理，梳理和规范向农民的收费项目、范围、标准。区减负办设立信访办公室，明确专人负责管理接待农民群众来信来电来访，对群众反映的问题会同有关部门及时进行调处，做到案案有结果，件件有回音。

第四节　专项治理

2012—2013年，开展农民负担专项治理。根据山东省《进一步做好减轻农民负担工作的实施意见》（鲁政办发〔2012〕43号）和市委、市政府关于减轻农民负担工作的有关规定，各镇街按照《关于对全区减轻农民负担工作进行检查考核的通知》（东河农负减办字〔2012〕3号）的要求，对辖区内减轻农民负担工作即对农民建房、农村义务教育、修建道路、村村通自来水、新型农村合作医疗、计划生育以及身份证办理、农业用水用电、校舍修建等方面是否存在乱收费、乱摊派现象；有无向村级组织和农民专业合作社乱收费、乱摊派问题进行全面自查。市减负办于7月31日对河口区减轻农民负担工作进行检查。2013年8月29日至9月6日，区纪委、农业局、财政局联合对减轻农民负担工作进行检查。检查组采取明查与暗访相结合，检查档案账簿与走访座谈相结合的方式，抽查6个镇街35个村。11月9日，副区长高加夫主持召开全区减轻农民负担工作会议，要求对发现的问题及时进行整改，防止违反减轻农民负担现象的发生。

2011年，全面落实减轻农民负担“监督卡制”等“五项制度”，采取查看账务与实地调查相结合的方式，抽查35个村，确保减轻农民负担工作长期深入有效。

2013年，采取联合检查抓全面、专项治理抓重点等点面结合的措施，组织抽查32个村，查出问题12类94个，提出整改建议12条，各镇街制定整改措施26条，整改农村集体公费订阅报刊超限额、变相收取报刊杂志费用等现象，纠正学校等单位在节日向村委会违规收取活动赞助款等行为。

2015年，河口区根据省《转发农业部<关于开展2014年涉农乱收费专项治理>的通知》（鲁农负办字〔2014〕10号）要求，对辖区内农民建房、农村义务教育、农机服务、殡葬服务、计划生育等方面是否存在乱收费、乱摊派现象，有无向村级组织和农民专业合作社乱收费、乱摊派等问题进行全面自查。年底，区减负办组织有关人员成立检查组，通过采取抽查村级会计账务和有关资料相结合的方式，对全区4镇2个街道减轻农民负担工作进行检查。

2016年，根据（鲁农负办字〔2016〕3号）和省《转发农业部减负办关于开展2016年涉农乱收费乱摊派专项治理的通知》（鲁农负办字〔2016〕2号）通知要求，开展涉农乱收费乱摊派专项治理工作，对辖区内农民建房、农村义务教育、农机服务、殡葬服务、计划生育等方面是否存在乱收费、乱摊派现象，有无向村级组织和农民专业合作社乱收费、乱摊派等问题进行全面自查。年底，区减负办组织有关人员成立检查组，通过采取抽查村级会计账务和有关资料相结合的方式，对全区4镇2个街道减轻农民负担工作进行检查，无乱收费、乱摊派等现象。

第五章　城乡一体化

第一节　规划编制

2010年，河口区委托东营市城市规划设计研究院编制《东营市河口区农村社区布局规划》。该规划共确定河口区农村社区27个，城市社区9个。孤岛镇委托同济大学规划设计研究院对孤岛镇总体规划进行修编；仙河镇委托哈尔滨工业大学城市规划设计研究院北京分院对仙河镇总体规划进行修编；义和镇委托山东省城乡规划设计研究院对义和镇总体规划修编。按照行政区划调整要求，原太平乡和新户乡于2010年5月30日合并为新户镇，委托上海同济城市规划设计研究院对合并后的新户镇总体规划进行修编。

镇街道详细规划编制：孤岛镇委托青岛商业规划设计研究院编制工业园区规划。仙河镇完成蓬莱花园控制性详细规划的编制工作。义和镇完成脑瘫康复训练中心详规、义和工业园区详规、颐和公园详规、灵芝花园社区详规等规划的编制工作。新户镇完成镜湖花园详细规划编制。

2011年，指导各镇委托规划设计单位开展总体规划修编工作。结合各镇总体规划到期，按照区政府部署安排，区住建局组织并指导4个镇开展总体规划修编。其中孤岛镇委托同济大学规划设计研究院对孤岛镇总体规划进行修编，已完成初步方案汇报；仙河镇委托哈尔滨工业大学城市规划设计研究院北京分院对总体规划进行修编，基础资料收集完毕；义和镇总体规划修编已委托山东省城乡规划设计研究院，已汇报两次；新户镇总体规划修编委托上海同济城市规划设计研究院，已于7月29日完成专家论证。结合黄河三角洲高效生态区发展机遇，按照城乡总体规划加快小城镇建设，提升义和镇、新户镇城镇功能。

河口区于2011年完成10个新型农村社区规划编制。孤岛镇镇苑村已完成现状地形测绘；仙河镇渔村已完成初步方案设计；义和镇三合社区、民生小区规划已确定初步方案；新户镇镜湖花园、南六合社区已完成规划方案设计；河口街道李坨社区规划设计已完成，二吕、六吕、八吕社区完成初步方案设计；六合街道新东坝社区规划设计已完成，老庙社区前期准备工作已完成。

2012年，结合各镇总体规划到期，按照区政府部署安排，区住房和城乡建设局积极组织并指导4个镇开展总体规划修编。其中孤岛镇委托上海同济大学城市规划设计研究院对孤岛镇总体规划进行修编，已汇报3次；仙河镇委托哈尔滨工业大学城市规划大学研究院北京分院对总体规划进行修编，已进行两次方案汇报，拟于近期进行评审；义和镇总体规划修编已委托山东省城乡规划设计研究院，已汇报3次；新户镇总体规划修编委托上海同济大学城市规划设计研究院，已汇报4次，评审2次。各镇总体规划修编待上位规划确定后将统一确定方案。

年内完成《河口区农村社区布局规划》调整。随着城乡一体化进程的加快及农村社区的建设，《河口区农村社区布局规划》部分不能满足农村社区建设需要，因此河口区决定对该规划进行修编调整。并于 12 月 13 日进行方案评审。

镇驻地控制性详细规划全面铺开。新户镇委托上海同济大学城市规划研究院对 4 平方千米的镇区进行控制性规划编制，已完成镇区现状地形图测绘，规划编制大学也同时展开。义和镇与河口经济开发区委托市规院编制河口区富海工业园区规划，已进行两轮方案汇报。

新型农村社区规划编制，六合街道老庙社区规划方案已完成；河口街道二吕改造规划方案多层住宅部分已完成；仙河镇渔村已完成规划方案；这 3 个社区方案与 11 月 15 日进行评审，方案正在进一步完善细化。孤岛镇镇苑社区规划方案正在编制；义和镇委托市规院编制颐祥社区规划方案，已进行初步方案汇报；新户镇永合社区规划委托青岛海川规划设计公司正在编制。

2013 年，组织并指导 4 个镇开展总体规划修编。孤岛镇委托上海同济城市规划设计研究院对孤岛镇总体规划进行修编，年底已编制完成，已经市规划局组织评审，正在准备报省建设厅评审；仙河镇委托哈尔滨工业大学城市规划设计研究院北京分院对总体规划进行修编，进行初步方案汇报。2013 年 10 月确定依托仙河镇建设港城后，重新委托上海同济城市规划设计研究院进行总规修编；义和镇委托山东省城乡规划设计研究院进行总体规划修编已完成方案，并编制成果；新户镇委托上海同济城市规划设计研究院进行总体规划修编，编制完成，已报市规划局准备评审。

配合推进城镇化建设需要，开展区域内城镇规划编制研究。结合新型城镇化发展的新要求，对《河口区农村社区布局规划》进行修改，结合河口区新型城镇化战略部署，调整社区布局，明确规划实施进度与各阶段目标要求。委托上海同济大学城市规划设计研究院与东营市规划设计研究院编制《区城镇化发展规划》，年底完成初步方案。

2014 年，以规划为统领，把规划作为第一资源，建立城乡一体的规划管理体制，完善公众参与、专家评审、政府决策“三位一体”的规划审批机制，坚持城市规划委员会审议制度。年底前，河口区重点地段控制性详规实现全覆盖，按照市规划局及区政府部署安排，积极组织并指导 4 个镇开展总体规划修编。其中孤岛镇委托上海同济大学城市规划设计研究院，仙河镇委托哈尔滨工业大学城市规划设计研究院北京分院，义和镇委托山东省城乡规划设计研究院，新户镇委托上海同济城市规划设计研究院进行总体规划修编，现都已形成初步成果。是年，结合新型城镇化发展的新要求，对《河口区农村社区布局规划》进行修改，结合河口区新型城镇化战略部署，调整社区布局，明确规划实施进度与各阶段目标要求。计划到 2015 年底，全区自然村数量由 177 个减少到 110 个。到 2020 年，全区 27 个新型农村社区基本建成，形成以城区为核心，6 个镇（街道）驻地为支撑，新型农村社区为基础的层次分明、布局合理、功能协调、城乡一体的新型城镇体系，全区城镇化水平达到 84%。

2015 年，河口区编制完善城乡统筹规划。按照城乡统筹规划编制内容、深度要求，结合河口区城乡总体规划的修编工作，统筹安排城乡居民点和产业布局、基础设施建设、生态环境建设以及社会事业发展。投资 128 万元，编制河口区总体规划、专业专项规划、控制性详细规划和修建性详细规划 4 类 6 项规划。至此全区新型城镇化规划已完成。

第二节　农村危房改造

2008 年，河口区推行连片创建的方式，确定六合街道（原六合乡）的三义和、广河、范家、于家、安家、闫家、后毕 7 村为示范区，辐射带动周边 11 个村庄。确定原太平乡的新兴、韩家为规划新村，以联合村为重点辐射带动周边的和平、建设、太和、兴华等村，逐步建成连片建设示范区。

2009 年，按照“规划好大村，控制好小村，搬迁偏远、散村”的原则，抓两头，带中间，积极稳妥地搞好偏远小村的搬迁合并和旧村、空心村改造。规划实施河口街道城郊片、六合街道城乡结合片、原太平乡驻地周边村、原新户乡驻地周边村等 4 个示范片 46 个示范村建设。

2010 年，按照省市及区政府要求，继续实施农村住房建设与危房改造，并加大集中建设力度，共有 18 个项目开工建设。2010 年，全区整村建设涉及 19 个村庄，完工 1679 户，在建 354 户，分散建设涉及 149 个村庄，完工 1301 户，危房改造涉及 108 个村庄，完工 624 户。

2011 年，河口区任务指标是新建农房 1400 户、改造危房 600 户。至年底，仙河镇蓬莱花苑、东湖花园大企业驻地村、六合街道三义和村居改造、义和镇颐和家园、新户镇镜湖花园、河口街道李坨村改造等 8 个农房集中建设和部分农房分散建设全部完成。共计新建农房 3995 户，改造危房 660 户。

2012 年，实施农房集中建设项目 5 项，重点是加快推进河口街道李坨、二吕 2 个城中村改造和义和镇颐和家园、孤岛镇北苑小区及六合街道锦绣家园 3 个镇驻地农民集中居住区建设。任务指标是新建农房 1400 户、改造危房 400 户。开工建设 1500 户，其中，新建 1420 户，改造危房 405 户，发放奖补资金 275.46 万元。

2013 年上半年，追加 2012 年危房改造 100 户，其中修缮 51 户，重建 49 户，6 月底全部完成，发放奖补资金 107.60 万元。2013 年，河口区危房改造任务是 321 户。截至年底，全区改造危房 321 户，其中修缮加固 140 户，重建 181 户，共发放奖补资金 396.35 万元。

2014 年，东营市分配给河口区危房改造任务是 97 户。完成 207 户，11 月 19—21 日，组织相关部门单位联合进行鉴定验收。2014 年，农村危房改造补助资金共计 170 万元，其中中央及省补助资金 116.29 万元，其余 53.71 万元由地方财政预算资金支付。新建新型农村社区 4 个、续建 7 个，建设住宅 2956 户，面积 39.49 万平方米。

2015 年，东营市人民政府分配给河口区一般危房改造任务 453 户，当年竣工 466 户，其中新建 115 户、修缮加固 351 户，共计投资 1396 万元。11 月 30 日至 12 月 2 日，由区政府督查办牵头，抽调区直相关部门人员成立检查组，对各镇街竣工房屋进行验收，并对补助资金进行分配。一般农村危房改造涉及补助资金 393.41 万元。10 月，东营市分配给河口区抗震改造任务 232 户，10 月各镇、街并全部开工，年底完工。

2016 年上半年完成 232 户农村危房改造，其中修缮加固改造 149 户、新建 83 户。危房改造网上档案录入工作正在进行，录入率达 91%，收集一户一档纸质档案。根据住建部及省、市住建部门要求，对河口区农村现有存量危房进行调查。并将相关信息录入农村住房信息系统。调查显示："十三五"

期间，河口区共需改造危房827户，其中河口街道68户、六合街道408户、新户镇261户、义和镇90户，其中涉及建档立卡贫困户40户。是年9月，东营市人民政府下达河口区农村危房改造任务指标为368户（其中含建档立卡贫困户37户），要求2017年6月30日前完成。共完成农村危房改造416户（建档立卡贫困户56户）、发放补助资金541.4万元，该资金于2017年3月由区财政通过银行直接支付到危改户“一卡通”账户。其中河口街道完成改造18户，补助资金28.1万元；六合街道完成改造160户，补助资金129.8万元；新户镇完成改造153户，补助资金261.8万元；义和镇完成改造85户，补助资金121.7万元。

2017年6月底，东营市下达河口区农村危房改造任务228户，9月底变更为26户、补助资金为33.42万元。截至年底，镇街上报改造完成140户（其中建档立卡3户），经区扶贫办、区民政、区残联进行身份识别，符合危房改造身份的共46户。

2018年，实施农村危房改造66户（省定任务共计55户，其中省定建档立卡贫困户29户，其他三类26户），各责任单位最终确定改造户为67户，其中对43户进行修缮和原址翻建，24户分别安置于安居房和随子女居住。

第三节 农村旱厕改造

2016年，实施农村旱厕改造。本年度河口区旱厕改造任务数为2360户，完成2536户。其中，新户镇年度改造任务是1266户，改造完成1467户。义和镇年度改造任务是864户，改造完成864户。孤岛镇西韩村改造任务是110户，年底全部完成 。仙河镇渔村，改造任务120户，年底全部完成。

2017年，省市下达给河口区农村旱厕改造考核指标任务为3943户，主要由义和镇、新户镇承担。同时，结合全市美丽乡村工作开展，河口街道、六合街道完成旱厕改造任务1284户，并在六合街道建成市级示范片区。

2018年，市级下达农村旱厕改造任务指标为1067户。其中新户镇任务为72户，义和镇任务为575户，六合街道任务为420户。全年共完成改造1357户（套）。其中新户镇改造完成252户；义和镇改造完成576户；六合街道改造完成529户。按照1∶1的比例拨付农村旱厕后续管护专项资金198万元。由镇、街按照改造户数统一进行招投标，每年免费为农户清运4次（原则每季度清运1次，每次清运费用按50元/户计算），区级补助资金每半年拨付一次。

第四节 农村环境综合整治

2011年，河口区开展农村环境综合整治工作，印发《河口区农村环境综合整治实施意见》《关于开展2011年全区农村环境集中整治行动的通知》等文件，成立农村环境综合整治工作领导小组。各镇、街均成立相应工作机构，形成区、镇街、村三级工作网络。以镇驻地和城（镇）郊村、城边村为重点，每个镇、街各确定 5 个村庄作为环境综合整治试点村，以点带面、示范带动，促进全区农村环境综合整治工作深入开展。累计投入整治资金 1900 余万元，新建、改造道路 11.06 千米，新建、清理排水沟渠 19.16 千米，新建垃圾中转站 2 处、垃圾池 48 处，清理“三堆”272 处、垃圾 4085 立方米，粉刷墙壁 4.76 万平方米，安装路灯 414 盏，栽植苗木 2370 株，农民居住生活环境得到初步改善。

2012 年，按照东营市委、市政府关于农村环境综合整治活动的工作部署，根据《2012 年全市农村环境综合整治实施方案》（东办字〔2012〕11 号）文件具体要求，河口区围绕生态文明乡村建设这条主线，从加强组织领导入手，促进农民居住生活环境得到初步改善。全年累计投入资金 6003 万元（包括垃圾处理厂二期投资 1623 万元），清理“三堆”4658 处、垃圾 7353 吨、排水沟渠 68.8 千米，新建村庄道路 66.77 千米，修建排水沟渠 58 千米，绿化植树 52.51 万株，安装村内路灯 526 盏，粉刷墙壁 39.28 万平方米，建设环卫设施 56 处、垃圾中转站 6 处，河口垃圾处理场二期工程已建成投用。

2013 年，河口区完成投资 4869 万元，清理“三堆”2832 处，清理排水沟渠 9.14 万米，对 30 千米的交通干线两侧 500 米范围内进行垃圾清理，对 48 千米的农村公路两侧 100 米范围内的垃圾进行清理；植树 44 万株，新增公共绿地 52.2 万平方米；新修道路 7.35 万米，改造道路 9350 米，新建、修缮排水沟渠 46500 米；安装路灯 664 盏；粉刷房屋 27.89 万平方米；新增垃圾桶 822 个、垃圾池 35 个、环卫三轮车 132 辆，新增环卫工人 116 名。

2014 年，河口区完成投资 5600 万元，净化村庄 169 个；清理路域 683 千米，沟渠 186 千米；新建垃圾中转站 4 个，设置建筑垃圾填埋点 16 个，共配备垃圾运输车 12 辆、垃圾箱 2390 个，配备农村保洁员 458 名；新完成 44 个村街道硬化，硬化里程 93.96 千米，主街道完成硬化的村 169 个，村内街巷全部完成硬化的村 102 个；新完成 166 个村绿化，93 个村建成环村林，165 个村进村路实现绿化；新完成 122 个村亮化，共安装路灯 2334 盏，主街道、公共场所实现亮化的村 171 个，街巷全部亮化的村 117 个；新粉刷墙体的村 169 个新建文化墙的村 55 个，新建文化广场、文化景观的村 31 个。

2017 年，建立长效管护机制。新户镇投资 600 万元，建设农村污水处理循环生态园，与旱厕改造相结合采取户收集、镇村运输、定点处理的模式，日污水处理能力 350 立方米，处理效果达到一级 B 标准，可用于灌溉和养殖使用，彻底解决西部乡镇的污水处理难题。六合街道投资 260 万元，改造 637 户。采取两种改造模式：以户为单位，采用生态一体化和小型生物一体化污水处理模式，共涉及东坝、闫家、芦山等 10 个村 579 户，惠及群众 1900 余人；以村为单位，投资 60 万元，采用人工湿地污水处理模式，设计建造了污水氧化池 1 处，人工湿地 1 处，管理运行房 1 间，其中湿地 50 平方米、管道长 1900 米以及配套设施，日处理能力 50 立方米。经净化处理后，出水达到一级 B 标准，涉及胡家村 58 户，惠及群众 180 余人。

2018 年，新户镇、六合街道、孤岛镇等实行污水处理与旱厕改造相结合、设备处理与生态处理相结合、污水处理项目与生态农业项目相结合的后续管护模式，各镇、街通过购买服务的模式交由中标企业自主运营，由中标企业配备 1~3 辆移动式吸污车负责对全镇旱厕改造后的废液进行收集和清运。既能实现单户联户收集、专业化运输、移动式多点处理，解决全镇农户的厕所粪污处理难题，又能产生良好的经济效益和生态效益。此项工作于6月底前全部完成招投标，实现正常运行。

第五节　农村城镇化建设

2014年，河口区17个重点推进项目纳入新型城镇化建设体系。其中，新型农村社区项目11个，计划建设住宅2780户，计划投资7.78亿元。完成投资7.96亿元，义和社区（颐和家园）、义和社区（颐正家园）共计299户，村民全部入住；镜湖社区、四扣社区等8个社区主体工程建设完成，2015年上半年村民即可入住。产业园区项目2个，计划投资10.2亿元，已完成投资8.87亿元。基础设施建设项目4个，计划投资6.5亿元，完成投资6.54亿元。西部乡镇供水管网改造项目、养老基地建设工程项目已完成并投入使用，完成焚烧式生活垃圾处理厂建设，进行设备调试。

2015年，河口区新型城镇化建设项目12个，计划投资5.35亿元，完成投资6.2亿元。其中新型农村社区项目6个：六合街道协胜社区、河口街道二吕社区、河口街道四扣社区、孤岛镇镇苑社区、新户镇明湖社区一期、新户镇镜湖社区二期等6个社区配套工程建设，计划投资1.51亿元，完成投资1.94亿元。基础设施建设项目4个，即仙河镇东营港城建设、河口区蓝色经济开发区和富海工业园供水管线建设、义和镇8吨压缩式中转站建设、河口区农村公路畅通工程，计划投资1.61亿元，完成投资1.95亿元；产业园区项目2个：新户镇澳亚第三牧场项目、新户镇山东正邦养殖项目，计划投资2.22亿元，完成投资2.3亿元。

2017年，以村镇规划统筹城乡发展。统筹推进东部和西部小城镇建设，形成了以东部仙河镇、孤岛镇为依托的油区小镇、临港小镇，以西部新户镇、义和镇为依托的滨海小镇、商贸重镇，初步构建成“一体两翼”组团式发展格局。截至目前，除孤岛镇总体规划编制完成未批复外，其余各镇的总体规划均已经市政府批复。开展特色村镇工作，积极推荐有条件的镇（街道）、村庄申报各类特色称号。4月份，推荐新户镇、孤岛镇申报第二批省级特色小镇；5月，孤岛镇被评选为山东省第四批美丽宜居小镇，并获得补助资金30万元。

2018年，河口区“户户通”及绿色村庄创建工作。对孤岛镇、仙河镇、新户镇和义和镇进行了村庄内道路摸底（2018—2020年）。此次摸底涉及36个行政村，计划建设改造村庄道路144条，48.58千米。其中，2018年度计划建设改造91条、33.74千米。新建道路62条、25.01千米，改造道路29条、8.73千米，其中已开工10千米。积极组织绿色村庄创建工作，力争到2020年，60%以上的村达到绿色村庄基本要求。

参考文献

孙鹏帆 . 2017. 农业机械安全生产管理现状与对策 [J]. 农村经济与科技，28(18):116.

申俊霞 . 2017. 浅析绿色农业种植技术推广存在问题及策略 [J]. 种子科技 (12):39.

田泰坤 . 2009. 土壤墒情与旱情监测 [J]. 吉林农业 (12):28.

林培法 . 2019. 农业经济管理对农村经济发展的促进作用 [J]. 农家参谋 (16):13.

李国茹 . 2018. 农村农业产业化发展路径探究 [J]. 山西农经 (4):42.

赵宏峰 . 2015. 关于农田水利防汛抗旱管理办法探讨 [J]. 科技风 (15):160−160.

汪当时，蒋灶新 . 2016. 生物防治在农业病虫害防治上的应用 [J]. 乡村科技 (18):81.

王强 . 2017. 有机种植农业的土壤培肥技术探究 [J]. 农业与技术，37(4):7.

赵丹，吴宏超 . 2007. 农村教学点的现状、困境及对策分析 [J]. 教育与经济 (3):61−65.

冯海发 . 2014. 农村城镇化发展探索 [M]. 新华出版社 .